〈격월간〉 종합문예지 「청목」

# 문학고을선집 2024 제16호

문학고을

**<격월간> 종합문예지 「청목」 문학고을선집** 2024 제16호

### 발행인 서문
006    **조현민** | 발행인 서문 _ 종합문예지 청목 제16호를 출간하며

### 권두시
008    신경희 | 권두시_나를 찾아

### 디카시
010    염혜원 | 등신불, 대상포진, 모빌
014    김선규 | 천생연분, 열애, 가을

### 수필론
019    **정혜령** | 수필이란…

### 소설론
027    남기선 | 소설 창작의 기본 원리

### 디카시론
033    염혜원 | 디지털 시대의 새로운 예술 '디카시'

### 낭송론
038    양경숙 | 시낭송 배워보기 2편

### 인문학 산책
042    이지선 | 한나 아렌트의 공적 영역의 회복에 대해 (1)
046    김선규 | 삶은 디자인이고 디자인은 시다, 고로 삶은 시다

### 문학고을 소식
052    편집부 | 제1회 문학고을 백일장

### 신작시

- 066　강민기 | 남해 바다를 닮은 외 2편
- 071　김경곤 | 금호꽃섬 외 2편
- 075　김계이 | 삼국지 별곡2 외 2편
- 081　김선규 | 장맛비는 내리는데 외 2편
- 088　김옥희 | 엄마 나랑 같이 살아요 외 2편
- 094　김창배 | 포구浦口 외 2편
- 098　김희숙 | 볕에 익어가리라 외 2편
- 102　나중식 | 샛강 강변에 서서 외 2편
- 108　류영형 | 딸 시집가는 날 외 2편
- 112　마경량 | 시절인연時節因緣 외 2편
- 116　박재만 | 실마리 외 2편
- 124　박정순 | 벚꽃 외 2편
- 128　배상록 | 뜨락에 부는 바람 외 2편
- 134　서어진 | 불가사리 외 2편
- 138　성용군 | 옛정의 찻집 외 2편
- 142　신기순 | 시간 외 2편
- 146　신현경 | 반추 외 2편
- 150　양희범 | 새로 쓴 편지 외 2편
- 156　오주현 | 만약 내가 외 2편
- 161　오향숙 | 코스모스 외 2편
- 165　이군호 | 엄마의 냄새 외 2편
- 170　이성계 | 텃밭 정원사 외 2편
- 175　이세종 | 환생 외 2편
- 179　이재우 | 상경 외 2편
- 184　이정열 | 사랑의 계절 외 2편
- 189　이현숙 | 천천히 외 2편
- 194　이홍재 | 돌아보는 계절 외 2편
- 201　임성환 | 통영 가는 길 외 2편

| | | |
|---|---|---|
| 206 | 전용석 | 남당항 대하 외 2편 |
| 211 | 전인숙 | 사랑방 외 2편 |
| 216 | 전제준 | 그 겨울밤 얘기 외 2편 |
| 222 | 정동혁 | 그해 겨울 외 2편 |
| 228 | 조문일 | 가을밤의 하모니 외 2편 |
| 233 | 조영예 | 푸른 등꽃 외 2편 |
| 239 | 지서희 | 다소니 외 2편 |
| 244 | 최근용 | 소중한 만남 외 2편 |
| 248 | 최중희 | 안녕 외 2편 |
| 254 | 최해영 | 늦가을 맞이 외 2편 |
| 259 | 한순남 | 황혼 외 2편 |

### 신작동시
| | | |
|---|---|---|
| 266 | 김효주 | 책상 속 종이 쪽지 외 2편 |

### 신작수필
| | | |
|---|---|---|
| 274 | 강영란 | 오이부추무침 |
| 279 | 권명자 | 살아보니 사랑이었네 |
| 284 | 권후선 | 엄마와 과일 나무 |
| 289 | 남기선 | 황순원과 소나기 마을 |
| 294 | 박소현 | 오늘 출근하고 내일 퇴근하는 여자 |
| 300 | 박정규 | 최초의 인간 |
| 306 | 박정순 | 꽃순이 |
| 310 | 신경희 | 배워서 남 주는 삶 |
| 314 | 유경선 | 메달 유감 |
| 321 | 이민영 | 사계절과 나 |
| 325 | 이상학 | 삶이 그대를 속일지라도 (졸업식) |
| 331 | 이정지 | 나무는 둘이었다 |
| 339 | 이필수 | 이별 |
| 346 | 이현진 | 풀잎 하나 밟는 일이 어려워져야 |
| 352 | 정안나 | 새날 |

⟨격월간⟩ 종합문예지 「청목」
## 문학고을 선집 2024 제16호

발행일 | 2024년 12월 31일

**발행인** | 조진희
**편집인** | 조현민
**발행처** | 문학고을 출판사

주소 | 경기도 부천시 오정구 성곡로 16번길 7 901호
서울사무실 | 서울특별시 강남구 학동로38길 38 (논현동) 204호
전화 | 02-540-3837
홈페이지 | www.문학고을.com
이메일 | narin2115@naver.com
등록 | 제2020-111176호

ISBN 979-11-92635-29-3 03810
ISSN 2799-9904

*본지는 잡지윤리실천강령을 준수합니다.
*이 책 내용의 전부 또는 일부를 재사용하려면 반드시 저작권자와 문학고을의 동의를 받아야 합니다.

| 발행인 서문 |

## 종합문예지 청목 제16호를 출간하며

　겨울은 모든 것을 감싸 안는 계절입니다. 차가운 바람과 하얗게 내리는 눈 속에서도 우리 모두는 따뜻한 이야기를 찾습니다. 얼어붙은 대지 아래에는 새싹이 움트는 준비를 하고, 긴 동토의 겨울밤은 깊은 사색과 창작의 시간이 됩니다. 우리들 사유의 글 모음이 그러한 겨울과 닮아 있습니다. 차갑지만 내면의 온기를 품고, 고요하지만 강렬한 힘을 지닌 계절 말입니다.

　이번 종합문예지 청목 16호는 작가님들의 다양한 목소리가 어우러져 겨울을 맞이하는 우리의 감정을 담아냈습니다. 때로는 우리들 삶의 향기를 설원의 고독을, 때로는 창가에 맺힌 성에처럼 섬세한 감정을, 때로는 따뜻한 벽난로 앞의 온기를 떠올리게 하는 다양한 캐릭터가 있는 작품들로 채워졌습니다.

　독자 여러분께서는 이 겨울호를 통해 계절의 깊이와 감각을 함께 느끼기를 바랍니다. 눈송이 하나하나가 각기 다른 형태를 지니고 있듯, 이번 호에 실린 글과 시, 이야기도 각자의 특별한 향기와 색깔을 지니고 있습니다. 그것들이 한데 모여 이루는 아름다움을 표현한 것이니 천천히 음미해 보시길 바랍니다.

  겨울은 끝이 아니라 새로운 시작을 준비하는 계절입니다. 이번 문학고을 종합문예지 청목 제16호 겨울호가 여러분의 마음속에 잔잔히 스며들어, 다가올 계절의 시작을 알리는 작은 불씨가 되기를 바랍니다.
  옥고玉稿에 참여하신 작가님들의 건안 건필을 기원합니다.

— 문학고을 회장 · 시인 조현민

| 권두시 卷頭詩 |

# 나를 찾아

청곡 신경희

알 수 없는 미로 반복되는 숨바꼭질
눈떠 맞는 아침마다 얼굴 덧씌우며
하루를 연다

둥실 떠오르는 달이고 싶고
초롱이 빛나는 별이고 만 싶은데
보이는 내가 싫어 숨어들다
나를 잃어버렸다

바삐 가는 세월 뒤로 내가 나를 숨겼으니
나 아닌 누가 나를
찾을 수 있을까

푸르고픈 열정
숨기라는 유혹에 흔들린 마음
어느 한숨 멎어야 긴 숨기 놀이
끝이 보일까

오늘도 숨바꼭질 얼굴 넘어 숨겨진 나를 찾아
뒷짐 진 손 내려 풀며
가슴 못 휘젓는다

청곡 신경희 시인, 수필가

54년 서울 출생.
숙명여자대학교 사학과 졸업
중등교사 퇴직. 학교법인 이사
문학고을 신인문학상 수상
문학고을 시, 수필 등단
문학고을 고문. 자문위원
강원문협 회원
*수상
문학고을 청목문학상(작가대상)수상
60+책의 해 글쓰기
보령 해변학교 전국 문학작품 공모전
강원 문협 시화전 우수시 수상
경북일보 이야기보따리(수필)
항공문학상우수상
전국여성문학대전 최우수상
〈공저〉
문학고을 시선집 및 종합문예지 청목 1~15집
강원문학 55
첫 시집- 『오메 어쩔까』
현) 문학고을 부회장

## 등신불

작은 불이 큰불을 낳고
불이 불을 일으켜 세우듯
활활,
그대에게 꺼지지 않는

— 〈시와경계〉 디카시 부문 신인우수작

**염혜원**

| 대상포진

뼈까지 저린 통증의 진실
외로이 저항하고
그리움 알알이 쏟아낸
세포들의 혁명
　　　　　— 〈시와경계〉 디카시 부문 신인우수작

염혜원

| 모빌

흔들리며
피는 꽃

— 〈시와경계〉 디카시 부문 신인우수작

---

**염혜원**

### 엄혜원 시인

대일외고졸업, 서울예대 졸업
중앙대학교 예술대학원 문예창작전문가과정
중입자치료지원센터코리아 실장
문학고을 홍보본부장 / 서울지부 지부장

〈주요 수상〉
24년 〈시와경계〉 디카시 부문 신인우수작품상
24년 제1회 영등포 디카시 공모전 입선
제7회 경남고성 국제한글디카시공모전 우수상
제9회 이병주하동국제문학제 디카시공모전 우수상
제6회 한국디카시경시대회 1등 작품상
문학고을 청목문학상(작가대상)수상
문학고을 최우수 작가상 수상
문학고을 등단 시 부문 신인 문학상 수상

〈저서〉
문학고을 6, 7, 8, 9, 10, 11, 12, 13, 14 선집 공저
『시향』『향촌의 사계』공저

디카시

## | 천생연분

제아무리 철창으로 가림막을 쳐도
닮아가는 부부의 연

하늘에 피어 있는 꽃처럼
　　　　　　　　—제7회 한국디카시 경시대회 인기상

담현澹弦 김선규

| 열애

동빙한설
빙판을 녹여내는

뜨거운 두 심장

— 제6회 한국디카시 경시대회 인기상

담현 김선규

| 가을

나만 타는 줄 알았는데
너도 타는구나

---

담현 김선규

담현澹弦 김선규

인덕대학교 디지털산업디자인학과 겸임교수
LG전자(주) 디자인경영센터 책임연구원
대한민국 디자인전람회 초대디자이너 및 심사위원
문학고을 기획본부장

〈주요수상〉

2024 제3회 문학고을 청목문학상(작가대상)
2024 제2회 시사불교매너리즘 신춘문예 우수상 (디카시 부문)
2024 대한민국 디자인대상 대통령상
2024 제9회 한국디카시 경시대회 1등 작품상
2023 문학고을 시부문 신인문학상
2022 대한민국 100인 대상 산업디자인부문 우수대상

〈저서〉

『내 안에 꽃으로 핀 그대』(윤보영 시인학교 10기 공저시집)
『문학고을 선집 제9집~15집 』 (공저 종합문예지)
『서울시 고등학교 제품디자인 교과서』(공저)

# 문학고을 시선

문학고을시선 01

문학고을시선 02

문학고을시선 03

문학고을시선 04

문학고을시선 05

문학고을시선 06

문학고을시선 07

문학고을시선 08

문학고을시선 09

문학고을시선 10

문학고을시선 11

문학고을시선 12

문학고을시선 13

문학고을시선 14

문학고을시선 15

문학고을시선 16

문학고을시선 17

문학고을시선 18

문학고을시선 19

문학고을시선 20

문학고을시선 21

문학고을시선 22

문학고을시선 23

문학고을시선 24

문학고을시선 25

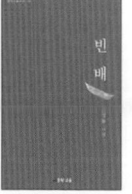
문학고을시선 26

| 수필론 |

## 수필이란…

정혜령

수필은 마음의 거울이다.

형식에 얽매이지 않고 자유롭게 흘러가는 문장 속에는 작가의 삶과 사유가 담겨 있다. 누군가의 일상에서 출발한 짧은 글이지만 그 속엔 보편적인 감정과 진리가 스며든다. 수필은 그 자체로 독백이면서도 독자와 대화이다. 때로는 가벼운 농담처럼, 때로는 깊은 사색처럼 우리 곁에 머문다.

결국 수필은 '살아가는 이야기'이며 쓰는 이는 삶의 한 조각을 글로 남기는 기록자이다.

1. 수필의 정의

* 수필은 개인적인 경험, 감정, 생각을 자유롭게 표현하는 산문 문학이다.
* 형식과 주제의 제한이 적고 작가의 개성이 뚜렷하게 나타난다고 볼 수 있다.

## 2. 수필의 특성

* 자유로움 : 형식적 제약이 없다.
* 개인성 : 주관적이고 사적인 이야기가 중심이다.
* 예술성 : 간결하고 함축적인 언어를 사용하는 것이 좋다.
* 교훈성 : 독자에게 정서적 울림이나 성찰을 제공하는 것이 깊은 여운을 준다.

## 3. 수필의 구성 요소

* 제목 : 전체 주제를 함축적으로 나타낸다.
* 서두 : 흥미 유발 및 주제 제시를 해야 한다.
* 본문 : 작가의 경험이나 생각, 관찰을 전개한다.
* 결말 : 여운을 주거나 교훈을 전달 철학적 의미까지 담고 있다면 더욱 좋다.

## 4. 수필의 종류

* 개인 수필 : 사적인 경험, 감정을 중심으로 쓴다.
* 사회적 수필 : 사회 현상이나 문제를 비판적으로 탐구한다.

* 철학적 수필 : 인생이나 존재 등에 대한 사색을 비롯해 쓴다.

## 5. 대표적인 수필 작가와 작품

* 피천득 '인연' 가장 널리 알려진 작품이다.
* 몽테뉴의 '수상록'이 있고 조지 오웰 '나는 왜 쓰는가'

## 6. 수필 쓰기 방법

* 소재 선택 : 일상에서 특별한 순간을 포착해 쓴다.
* 언어 : 간결하고 생동감 있는 표현을 한다.
* 구조 : 논리적이고 자연스러운 흐름 유지한다.
* 감각적 표현 : 독자의 공감을 이끌어내는 생생한 묘사를 한다.

필자의 수필 "가을날 우체국 가는 길"을 예로 들겠다.

## 가을날 우체국 가는 길

　책 몇 권을 우편으로 보내야 할 일이 있어 새로 이사 온 동네의 낯선 길들을 탐방해 우체국을 찾아 나서기로 했다. 집 밖을 나오니 어느새 가을은 깊을 대로 깊어져서 가는 곳마다 빨갛고 노란 단풍이 양옆 가로수길로 흩날리고 있다. 하굣길의 아이들은 떨어진 낙엽을 한 움큼씩 허공으로 던지며 희희낙락 신이 났다. 한참을 돌고 돌아서 찾은 우체국은 동네 야산 기슭에 자리 잡고 있었는데 위치가 공원을 끼고 있어 울긋불긋한 낙엽이 떨어지는 가을의 운치가 제법 느껴진다.

　각종 업무가 나누어져 있는 우체국 안에는 예전과 달리 편지나 엽서의 배달이 주된 업무가 아닌 택배와 금융 업무가 주된 일이 되어 버린 것 같다. 편지나 엽서를 붙이는 사람은 거의 없는 듯하다. 전자우편과 SNS의 발달로 그것은 구세대적 아날로그 감성이 되어버린 지 오래다. 예전 젊은이들의 가슴을 설레게 했던 연애편지와 조금의 갈증은 있지만 그윽한 정서가 배어 있었던 엽서는 이제 먼 옛날의 유물이 되어버릴 모양이다.

우체국 앞이라도 지나치려 하면 들고 나는 사연들로 여운을 주기도 했고 왠지 모를 정체불명의 설렘 같은 것이 스멀스멀 가슴을 간질이기도 했다. 손글씨로 꾹꾹 눌러 쓴 배달된 편지는 봉투를 뜯으면서도 무슨 내용이 있을까 조급함이 앞서서 부랴부랴 뜯었던 것 같다. 그것이 달콤한 연애편지가 아니라 해도 말이다. 그 감성이 좋았다는 생각이 문득 든다. 더러 행복하기도 했고 흐뭇도 했으며 안타깝기도 했던 손 편지.

시간이 흐르며 세월 저편으로 아스라이 저물어가고 잊혀가는 것들이 있다. 그것을 우리는 때때로 추억이라는 이름으로 소환하기도 한다. 요즘 아이들이 말하는 레트로 감성. 아름다운 옛것을 놓치지 않고 현재의 새것과 맞물려서 공존케 하는 참신한 감각에서 나오는 기특함. 참으로 현명한 요즘 세대들이다.

책을 부치고 우체국 밖으로 나오니 가을 하늘은 높고 저물어가는 햇살조차도 맑다. 우체국 옆 공원의 벤치에 앉았다. 사람들은 낙엽을 밟으며 바삐 지나가고 있고 차들은 반짝하는 빛을 반사하며 어디론가 향하고 있다. 아장아장 걷는 아기를 흐뭇하게 바라보는 젊은 엄마의 얼굴이 해사하다. 가을 하늘은 깊고 넓은 푸른 물웅덩이 같다. 손을 뻗으면 파란 물이 툭 떨어질 것 같은 공활함이 있다. 가끔 하늘을 보고 산다는 것은 거울에 자신을 비추는 것과 같이 마음을 비추이는 것이다. 주먹을 꼭 쥐고 뭔가의 옹골찬 다짐도 하며 속절없는 마음의 빗장을 풀기도 한다. 차를 가지고 왔으면 못 누려볼 풍경과 생각들이다.

걷는 것을 좋아하는 나는 걷다 보면 마음이 편안해진다. 혹여 있을 마음의 근심도 다 잊혀지고 어느덧 난 평정심을 찾아 생각의 갈래 속에서 엉클어진 실타래를 풀듯 정리를 한다. 인생의 모든 순간이 선택의 연속이다. 대부분의 선택은 자연스럽게 하는 듯 안 하는 듯하지만 가끔은 갈림길에 서서 발을 어디로 딛어야 할까 망설이는 날들이 있다. 정리된 마음의 언저리에서 지나고 보면 어느덧 좋은 선택을 하게 하는 것이다. 몸을 부지런히 움직여야 마음자리도 건강하다. 그 안에서 좋은 생각이 나온다.

벤치에서 일어난 나는 걸어왔던 길로 다시 발길을 옮겼다. 알록달록 단풍으로 예쁜 산책로는 걷기에 더없이 좋은 길이다. 시상을 떠올리는 예쁜 오솔길도 있다. 그 오솔길을 지나면 아담한 브런치 집이 있고 파스텔톤의 수제 마카롱 집이 옆에 있다. 커피 향이 그윽한 커피 볶는 집이 있는 이 동네는 신도시와 기존 도시 간의 경계를 허물고 더없이 아름답고 정적으로 지나는 사람들의 마음을 푸근하게 한다. 매일 걷고 싶은 이 길을 내일은 나의 노령견 몽이와 걸어야겠다. 밖에 나와 산책하는 것을 좋아하는 나의 강아지는 또 얼마나 좋아할까.

 많은 사람들이 고독을 느낀다는 가을 그 만추의 고독에서 해방되는 것, 그 고독의 최대 방어는 그것을 즐기는 것. 이렇게 안락하고 평온한데 가을의 외로움이라니. 나이 탓인가 봄보다는 가을이 점점 좋아진다. 젊을 때는 봄의 눈부신 빛에 마음이 설레었다면 이제는 가을의 가볍지 않은 적절한 무게감과 그 색채들에 마음이 간다. 넉넉함으로 넘치는 여유로운 이 계절 이렇게 또 한 번의 가을을 어김없이 보내는 모양이다.

정혜령 시인, 수필가

서울 출생
월간 시사문단 수필 등단
문학고을 수필 등단
한국시사문단 작가협회 회원
북한강문학제 추진위원
제17회 빈여백동인문학상 수상
제19회 풀잎문학상 대상 수상
제1회 청목문학상 (작가대상) 수상
'봄의 손짓' 공저 '문학고을' 공저
수필 다수가 신문과 문예지에 게재되었다.
저서
에세이집 『행복이라는 주파수에 달콤해지는 인생』
현) '문학고을' 수필 심사위원 및 수석 고문

| 소설론 |

# 소설창작의 기본원리

남기선

## 1. 소설이란 무엇인가?

### 1) 개요

소설은 작가가 거짓말로 만들어낸 이야기다.
여기서 중요한 점은 작가가 만들었다와 거짓말(허구)이다. 역설적으로 말한다면 거짓말이 아니면 소설(novel)이 아니고 사실(fact)이다.
소설은 문예의 하위 장르이고, 문예는 예술의 하위 장르이다. 따라서 소설은 예술이어야 한다. 사실은 예술이 아니고 보여지는 현상일 뿐이다.
소설에서 만들어낸 이야기가 사실이면 예술이 아니라는 것이다. 세상에 존재하진 않는 것을 만들어 낼 수 있는 창조주는 오직 조물주뿐이다.
작가가 경험이라는 기왕에 있는 이야기에 허구라는 상상력을 덧붙여서 사실 같은 이야기를 만들어내는 것이 소설이다.
이야기는 화자와 청자가 있다. 화자가 진짜처럼 만들

어낸 이야기를 청자가 공감하지 못하면 실패한 소설이다. 소설가인 화자의 이야기에 감동을 받고 공감대를 느꼈을 때 비로소 소설로서 예술성을 획득할 수 있다.

## 2. 소설 쓰기 기본 자세

### 1) 객관적 글쓰기

소설은 일기처럼 혼자 감상하고 만족을 얻으려고 쓰는 사람은 없을 것이다. 소설을 쓰는 의도는 완성한 소설을 누구에겐가 보여주려면 주관적인 글쓰기를 해서는 안 된다. 주관적 글쓰기는 작가 개인의 견해이거나 느낌일 뿐 사람의 사상과는 별개이다.

예를 들어서 하얀 수선화가 먼지를 뒤집어써서 재색 수선화로 보일 때가 있다. 작가는 재색 수선화가 된 이유를 설명해 줄 의무가 있다. 그렇지 않고 봄볕을 받고 있는 재색 수선화 위에 나비가 날고 있다고 하면 주관적 서술이 된다. 주관과 객관을 분명히 알고 있으면서도 서술이나 묘사를 할 때 자기중심적으로 하면 객관적으로 쓴 글처럼 보이지만 독자 입장에서 볼 때는 주관적이다.

글을 쓸 때 어떤 마음으로 쓰느냐에 따라서 여러 형태로 쓰여진다.

슬픈 마음으로 쓰면 슬픈 글이 써지고 즐거운 마음으

로 쓰면 즐거운 내용만 쓰게 된다.

처음 소설을 쓸 때 스토리를 이어가는 데만 급급한 나머지 주관적으로 흐르기 쉽다.

하지만 소설을 쓰겠다는 생각을 하면서 쓰기를 하면 저절로 객관적 문체로 써진다.

2) 소설적 문체는 따로 없다.

소설을 쓰겠다는 생각을 하는 시점은 아마 소설을 쓸 수 있는 문학적 소양이 갖추어진 상태를 뜻한다. 예컨대 이번 주말에는 처음으로 1천 미터 산을 오르겠다는 계획을 했을 때는 이미 체력이나 경험 등이 준비되어 있을 때와 같은 이치이다. 마음을 울리도록 감동을 받은 소설을 읽고 나서 나도 소설을 써봐야겠다는 생각이 들던지 학창 시절에는 소설가가 되고 싶었으나 사회에 나와 바쁘게 살다 보니 뒤늦게 소설적 역량이 있다는 것을 스스로 깨달았던지 여러 가지 동기가 있을 것이다. 아무리 유명하고 훌륭한 작가 일지라도 아마추어 시절이 있었다는 점이다. 그 작가도 처음에는 서툴고 문맥이 맞지 않는 글을 썼을 것이나 아마도 꾸준히 노력한 결과 오늘의 금자탑을 이루었을 것이다. 그러므로 평소 지속적으로 날마다 글쓰는 연습을 하다 보면 어느새 예전과는 다른 향상된 나를 발견할 수 있을 것이다

소설 쓰기에 가장 좋은 문체는 나답게 쓰는 문체다.

일기를 쓰듯 생각나듯이 써나가는 글이 가장 진실한 글이다. 소설에서 진실한 글쓰기는 공감대 형성의 일등 공신이다.

일단 무엇을 써야겠다는 생각이 들면 평소 내 글을 쓸 때처럼 생각나는 대로 이야기를 만들어 가는 것이 가장 좋은 방법이다.

3) 퇴고 없는 소설은 없다.

소설을 쓴다는 것은 열정이라는 물 한 병 달랑 들고 나무 한 그루 없는 황무지를 건너서 유토피아에 도착하겠다는 의지의 발로이다.

황무지를 건너려면 수많은 난관이 기다리고 있다. 소설을 쓴다는 것은 시점, 주제, 배경, 사건, 묘사, 캐릭터 등 수많은 장애물을 통과하는 여정이다.

아무리 어렵고 힘들고 절망스럽더라도 유토피아에 도착하지 않으면 소설이 아니다. 그냥 소설 쓰는 흉내를 내 봤을 뿐이다. 누구나 처음부터 완벽한 글을 쓸 수는 없다. 완성되지 않은 원고는 습작품이지 소설이 아니다. 소설의 작품성은 나중 문제고 반드시 시작과 결말이 뚜렷해야 한다. 그런데도 많은 예비 작가들은 처음부터 최고의 소설이 나와야 한다는 강박관념에 젖어 있다.

소설의 완성은 퇴고에 있다.

처음에는 무언가 허술하고 부족해 보여도 일단 스토리를 만들어 놓고 퇴고 과정에서 잘못된 부분을 고쳐서 탈고를 함으로써 비로소 완성된 소설이 되는 것이다.

퇴고는 글을 쓸 때의 열기가 충분히 식을 때까지 기다렸다가 검토하는 것이 좋은데 그래야만 비로소 훨씬 객관적 시각으로 볼 수 있는 것이다.

퇴고 과정에서는 반드시 인쇄물로 퇴고를 하는 것이 좋다. 그래야만 비로소 모니터상에서는 보이지 않던 오.탈자, 반복 문장, 어휘 등이 눈에 들어오기 때문이다. 주의할 점은 퇴고 과정에서 초고는 반드시 보관해서 나중에 서로 비교하며 검토할 수 있어야 한다.

## 남기선 소설가, 수필가

1958년 인천 출생
중앙대학교 사회개발대학원 행정학석사
중앙대학교 국제경영대학원 경영학석사
2022년 7월 문학고을 수필 당선
2023년 5월 월간 시사문단 단편소설 《 代 》 당선
2024년 제19호 봄의손짓 빈여백동인문학지 단편소설 《 등대 》 당선
한국문예창작진흥원 교수, 빈여백 동인
한국시사문단작가협회 회원. 한국소설가협회 회원
한국문인협회 회원, 문예창작실기지도사 1급
을지대학교 겸임교수, 연세대 산학협력단, 서울시 인재개발원 강, 월드로 마켓 대표

〈수상〉
문학고을 문학상(수필), 월간 시사문단 문학상(소설)
제4회 청목문학상(작가대상), 제19회 빈여백동인문학상
서울시장 직무유공 표창, 정부우수공무원 국무총리 표창
〈저서〉《소설 카름》 한국문인협회 (공저)
문학고을 10선집~ 15선집 (공저)
월간 시사문단 2023, 2월호,~ 5월호 (공저), 봄의 손짓 빈여백동인지 제19호 (공저)
현) 문학고을 부회장 /수석고문/ 등단 심사위원

| 디카시론 |

# 디지털 시대의 새로운 예술 '디카시'

염혜원

디카시는 디지털 시대의 최적화된 새로운 시의 형태로, 스마트폰 카메라로 자연이나 사물에서 받은 시적 감흥(정서적 반응)을 포착하고 그 느낌이 사라지기 전에 자연이나 사물이 전하는 메시지를 짧은 문장으로 표현하는 예술이다. 문자시와는 다른 독특한 미학과 창작 방식으로 새로운 문학 장르로 자리 잡고 있다.

## 디카시의 창작 과정

순간 포착: 자연이나 사물에서 시적 감흥을 느끼는 즉시 스마트폰으로 촬영한다. 이 과정에서 사진의 예술성보다는 순간 포착의 생동감이 중요하다.

순간 언술: 촬영한 이미지에 영감을 받은 5행 이내의 짧고 간결한 문장을 덧붙인다. 이 문장은 사진과 결합하여 하나의 완성된 텍스트를 만든다. 사진과 문자가 함께 시각적 감성과 시저 감흥을 준다.

순간 소통: 디카시는 현대의 디지털 환경과 잘 어울리는 장르로 촬영과 언술이 완성되면 SNS나 디지털 플랫폼에서 공유할 수 있다. 이 '순간성'이 디카시의 중요한 특징이다.

## 디카시의 정체성

디카시는 시적 감흥이 사라지기 전에, 감흥의 온기가 남아 있을 때 표현되어야 한다. 지나치게 깊이 고민하거나 퇴고를 반복하는 것은 디카시의 본질에 어긋날 수 있다. 디카시의 정체성을 잘 이해하려면 다음을 기억해야 한다.

디카시는 문자시처럼 상상력으로 키워나가는 작품이 아니다. 대신, 순간의 시적 감흥을 그대로 담는 '날시'의 형태를 띤다.

디카시는 사진 예술이 아니다. 사진은 시적 형상의 일부로, 문자가 결합될 때 비로소 디카시로 완성된다.

디카시의 사진 영상은 시적 언어의 연장선으로 보아야 하며, 사진 예술적 기준으로 평가해서는 안 된다.

## 디카시가 5행 이내로 제한되는 이유

1. 영상과 언술의 균형

디카시는 사진과 문자가 함께 의미를 형성한다. 문자가 길어지면 사진의 시적 형상이 희미해지고 문자시와 다를 바 없게 된다. 5행 이내의 짧은 문장은 이 균형을 유지하기 위한 최적의 길이다.

2. 시적 감흥의 강조

디카시는 자연이나 사물이 주는 강렬한 영감 자체를 전면에 드러낸다. 문자가 길어질수록 시인의 상상력이 과도하게 개입될 가능성이 생기고 이는 디카시의 본질에서 벗어날 수 있다.

3. 순간성의 유지

디카시는 순간적으로 포착된 영감이 핵심이다. 지나치게 긴 문장은 창작 과정에서 순간성을 희석시킬 우려가 있다.

4. 디지털 미디어와 조합

디카시는 SNS와 같은 디지털 플랫폼에서 공유하기 적합한 형태이다. 짧은 문장은 빠르고 간결한 소통에 적합하며 디지털 환경의 특성을 잘 반영한다.

일본의 하이쿠는 17음(5, 7, 5)이라는 짧은 형식 안에 생의 비의나 자연의 경이를 담아낸다. 디카시는 하이쿠보다 언술이 짧지 않아도 이미 영상기호(사진)라는 강력한 시적 매체를 포함하고 있어 더 긴 문장이 필요하지 않다. 오히려 2행이나 3행만으로도 충분히 디카시를 완성할 수 있다.

**디카시는 디지털 시대의 새로운 예술이다**

　디카시는 디지털 환경의 속성을 적극 활용한 창작 방식으로, 순간 포착, 순간 언술, 순간 소통이라는 특징을 지닌다. 이러한 특징은 디카시를 디지털 시대에 최적화된 멀티 언어 예술로 자리매김한다. 단순히 사진과 글을 결합한 것이 아니라, 디지털 기술과 예술의 융합이라는 점에서도 큰 의미가 있다. 디카시는 인터넷을 통해 쉽게 공유되고 전파되며, 대중적인 생활 문학으로 디지털 시대의 새로운 예술 양식으로 자리잡고 있다. 이제는 바야흐로 디카시의 시대가 도래한 것이다.

염혜원 시인

대일외고 졸업, 서울예대 졸업
중앙대학교 예술대학원 문예창작전문가 과정
중입자치료지원센터코리아 실장
문학고을 홍보본부장 / 서울지부 지부장

〈주요 수상〉
24년 〈시와경계〉 디카시 부문 신인우수작품상
24년 제1회 영등포 디카시 공모전 입선
제7회 경남고성 국제한글디카시공모전 우수상
제9회 이병주하동국제문학제 디카시공모전 우수상
제6회 한국디카시경시대회 1등 작품상
문학고을 천목문학상(작가대상)수상
문학고을 최우수 작가상 수상
문학고을 등단 시 부문 신인 문학상 수상

〈저서〉
문학고을 6, 7, 8, 9, 10, 11, 12, 13, 14 신집 공저
『시향』『황혼의 사계』공지

| 시낭송론 |

# 시낭송 배워보기 2편

양경숙

　호흡법과 발성 연습을 꾸준히 한다 그리고 내가 낭송할 시를 선택하고 이 시를 이해하기 위해서 100번 이상 읽고 외우고 하는 동안 시인의 생각. 배경 등을 완전하게 내 것으로 소화해야 한다.
　노래도 원곡자가 부르는 것보다 내 색깔로 불렀을 때 감동을 주는 것처럼 지도자 실전으로 들어가 보면,

　예) 별 헤는 밤/ 윤동주

"계 절 이 지 나 가 는 하 늘 에 는
가 을 로 가 득 차 있 습 니 다"

"계절이 지나가는 하늘에는
가을로 가득 차 있습니다"

"계절이 지나가는 하늘에는/
가을로 가득 차 있습니다"

이렇게 3가지 방법으로 읽어보는 것이 중요하다.

빠르게 죽 읽어 보는 연습을 많이 하면 폐활량도 좋아진다.

행과 연도 반드시 구별해서 낭송하는 거 잊지 마시고 자기 시나 좋아하는 시 한 편씩 꼭 낭송해 보시길 바란다. 색으로 낭송해야 한다.

중요한 건 시인의 시를 왜곡하면 안 된다.

표준 발음법에 따른 단음, 된소리, 거센소리 등 발음의 유의점과 실제 낭송할 때 발음등을 연구하고 공부해서 낭송을 해 본다.

내가 선택한 시를 어떻게 읽고자 하는지 스스로 인식하고 방법을 꾸준히 체득해 가는 길이 신나고 재미있길 바란다.

자 그럼 시를 선택했으면 주어와 목적어는 이해하고 주어는 띄어서 읽고 강조하고 싶은 곳이 있으면 앞을 살짝 반호흡이든지 한 호흡이든지 끊어주고 읽는다.

속도는 너무 빠르면 이해를 못 하게 되고 너무 느리면 듣는 사람이 갑갑하게 여긴다.

보통 18~25행짜리 시를 낭송하기 좋은 시라고 하는데 2분 30초에서 3분 안에 낭송하면 좋다.

자 실전으로 들어가 보면

예) 별 헤는 밤/ 윤동주

"계 절 이 지 나 가 는 하 늘 에 는
가 을 로 가 득 차 있 습 니 다"

"계절이 지나가는 하늘에는
가을로 가득 차 있습니다"

"계절이 지나가는 하늘에는/
가을로 가득 차 있습니다"

이렇게 3가지 방법으로 읽어보는 것이 중요하다.

 빠르게 죽 읽어보는 연습을 많이 하면 폐활량도 좋아진다.
 행과 연도 반드시 구별해서 낭송하는 거 잊지 마시고 자기시나 좋아하는 시 한 편씩 꼭 낭송해 보시길 바란다.

양경숙 교수

한서대학교 시 창작 초빙교수
시와 창작 등단,
한국창작 문학 수상,
시 낭송 전문가
원광대학교 행정대학원 수료
동국대학교 평생교육원
주) 대성화학 대표이사
시집:
지지않는 글꽃
엄마도 엄마가 보고싶다
현) 문학고을 고문 및 등단 심사위원

| 인문학 산책

# 한나 아렌트의 공적 영역의 회복에 대해 (1)

이지선

'인간은 정치적 동물이다' 라는 아리스토텔레스의 유명한 말을 모두 알고 있을 것이다. 이것은 인간의 사회적 영역에 대한 생물학적 구분이며 인간의 고유한 특징이기도 하다. 혼자서는 살 수 없는 유기적인 관계에서의 삶을 지향하면서 물론 개개인의 개성과 인권이 침해되지 않는 범위 안에서의 자유는 필수적인 조건이다. 정치란 국가의 권력(주권)을 획득하고 유지하며 행사하는 활동으로, 국민들이 인간다운 삶을 영위하게 하고 상호 간의 이해를 조정하며, 사회 질서를 바로잡는 따위의 역할을 한다. 여기에서 상호 간의 이해를 조정하며 질서를 바로 잡는데 필요한 가장 중요한 부분은 소통이다. 우리는 서로의 행위에 대한 감정의 인정, 공통된 서로의 이해를 문화적인 부분에서 찾을 수 있다.

문화는 자연 상태에서 벗어나 일정한 목적 또는 생활 이상을 실현하고자 사회 구성원에 의하여 습득, 공유, 전달되는 행동 양식이나 생활 양식의 과정 및 그 과정에서 이룩하여 낸 물질적·정신적 소득을 통틀어 이르는 말. 의식주를 비롯하여 언어, 풍습, 종교, 학문, 예술, 제도

따위를 모두 포함한다. 문화는 넓은 범위이며 변화하고 이것들을 기록하고 발전시키는 것은 같은 생각의 범주에 존재하는 사람들이다.

한나 아렌트는 정치는 공적인 것에서부터 출발하고 공적인 것을 추구하는 것으로 생각했다. 행동 양식으로 노동과 작업 그리고 행위로 나누었는데 노동과 작업은 사적인 것의 보존 수단이며 편의를 위해 결과물을 만드는 것이라고 명시했다. 그러나 행위는 공적인 것이며, 다른 존재들과 상호 소통하며 자신의 존재를 드러내는 것이고 이 부분에서의 회복이 중요하다고 말한다. 예를 들면, 고대 그리스 시대의 가정은 사적인 영역에서의 지배를 받는 공간 즉 노동과 작업이 이루어지는 행동 양식으로 봤다. 그러나 폴리스는 공적 영역으로서의 행위가 이루어지는 자유의 공간으로 인지되며 이곳에서 언어적 소통을 통해 타인과 관계를 맺으며 내가 누구인지, 내 의견과 다른 사람의 의견이 어떻게 다른 지를 확인하는 절차를 통해 자유가 실현됨으로 보았다.

최근 문화 예술 단체를 통해 자신의 시를 직접 낭독하는 기획을 하고 배우를 통해 폴리스와 같은 광장에서 사람들의 움직임을 직접 느끼는 시간을 가졌다. 사람들의 사적인 공간에서의 탈출은 문화 예술적으로 매우 중요한 시작점이 된다.

한나 아렌트는 오직 공적 영역에서만 자신의 자유 실현이 가능하다고 한 것처럼 자신의 이야기와 서사를 많은 사람들과 나누고 발표함은 중요한 행위일 것이다. 시인은 이러한 행위를 통해 드러나는 자유의지와 감성을 포착해야 한다. 현대 시대에 살고 있는 시인은 이러한 광장廣場이라는 공간의 필요성과 현시대에 맞는 광장의 쓰임새를 찾아야 한다. 이는 문화적 자유의지의 발현이 될 것이며 작가 스스로 방향성의 나침반이 될 것이다.

이지선 시인

2022 문학고을 신인문학상 시부문
2022 문학고을 최우수상
2022 『모퉁이가 있다』 시집 출간
2023 부평구문화재단 시소 입주 작가 (창작부분)
2023 연희동 문학창작촌 12월 입주 작가
2023 『내 마음이 지옥 같아서』 시집 출간
2023 인천시 신진예술인 시 부분 선정
2024 문학고을 청목문학상 (작가대상) 수상
현) 문학고을 등단 심사위원
〈저서〉
2024년 신작 환타지 소설 『서점마계』 출간

| 인문학 산책

## 삶은 디자인이고 디자인은 시다, 고로 삶은 시다

담현澹弦 김선규

우리는 흔히 삶을 '디자인'하고, 자신의 삶을 '창조'해 나간다고 말한다. 디자인은 단순히 시각적 아름다움을 창출하는 행위가 아니라 삶을 구성하고 의미를 부여하는 방식으로 확장된다. 이와 마찬가지로 시 또한 단순한 언어적 표현을 넘어서는 창조적이고 철학적인 표현이다. 이러한 디자인의 과정은 곧 '시적詩的' 표현과도 맞닿아 있으며, 개인이 삶을 창조하는 철학적 여정과 유사하다.

데카르트의 철학은 이러한 삶의 디자인과 시적 표현을 이해하는 데 중요한 지침을 제공한다. 데카르트는 "나는 생각한다, 고로 존재한다(Cogito, ergo sum)"는 명제를 통해 자신과 세상을 인식하고 해석하는 방식의 중요성을 강조했다.

데카르트는 존재의 기초를 사유하는 주체, 즉 자신의 정신에 두었으며, 이 정신적 탐구는 삶을 디자인하는 핵심적 과정이기도 하다. 삶을 디자인한다는 것은 본질적으로 주체가 자신의 목적과 가치를 탐구하고, 이에 기반하여 자신만의 '시적' 표현을 만드는 과정과 일맥상통하다. 그의 철학적 사고는 우리에게 삶을 '디자인' 하는 방식에 대한 통찰을 제공할 수 있으며, 이를 시적 표현의 과정으로 해석해 볼 수도 있다.

## 1. 데카르트의 철학적 사고와 자아 인식의 디자인

데카르트는 "나는 생각한다, 고로 존재한다"라는 명제를 통해 존재의 기초를 사고하는 주체, 즉 '나'에게 두었다. 그는 감각에 의존하지 않고 이성을 통해 확고한 진리를 찾아가는 여정을 강조했다. 이러한 주체적 사고는 자신을 디자인하는 과정과 유사하다. 우리가 삶을 디자인할 때, 단순히 외부적 요소나 타인의 기대에 따라 살아가는 것이 아니라, 자신이 원하는 삶의 의미와 목적을 탐구하고 이를 구현해 나가는 과정이다.

데카르트의 방법론적 회의는 디자인에서 문제 해결과 유사한 점이 많다. 디자이너는 문제를 발견하고 이를 해결하기 위한 방법을 모색하며, 지속적인 실험과 실패를 통해 최적의 결과를 찾아간다. 이는 데카르트가 모든 기존의 지식을 의심하고, 명확하고 확실한 지식만을 바탕으로 사유하는 철학적 과정과 일맥상통한다. 우리의 삶도 끊임없는 자기 질문과 의심 속에서 성찰하며 나아가는 것이며, 이

과정은 자신을 디자인하는 중요한 기틀이 된다.

## 2. 디자인으로서의 삶과 시적 표현의 본질

시와 디자인은 각기 다른 표현 방식이지만, 둘 다 인간의 사고와 감정을 표현하는 방식이다. 시는 언어라는 도구를 통해 감정을 압축하여 표현하고, 디자인은 형태와 기능을 통해 의미를 전달한다. 이 두 표현 양식은 우리의 내면을 외부로 드러내는 통로이자, 우리 자신을 보다 심층적으로 이해하고 표현하는 방법이다.

삶을 디자인하는 과정에서 우리가 직면하는 질문은 단순히 외적 성공이나 사회적 지위가 아니다. '나는 누구인가?', '내가 원하는 삶의 방향은 무엇인가?' 라는 심오한 질문들이다. 이러한 질문에 대한 대답을 찾아가는 과정은 데카르트가 말한 자아 탐구와 유사하다.

마치 시인이 단어를 통해 자기 내면을 표현하듯이, 우리의 삶의 디자인도 자아를 드러내는 하나의 시적 작업이 된다. 디자인이 단순히 외관의 아름다움을 넘어서서 본질적인 가치를 탐구하는 것처럼, 삶의 디자인 역시 시적이고 철학적인 본질을 지닌다.

## 3. 데카르트 철학의 시적 확장

　데카르트의 철학은 주체적 사유의 중요성을 강조하며, 이는 시적 표현과 밀접하게 연결될 수 있다. 시는 단순한 언어의 배열이 아니라, 자신을 탐구하고 진실을 드러내는 하나의 통로이다. 데카르트의 사고 체계는 논리적이지만 동시에 인간의 깊은 성찰을 필요로 한다. 삶의 디자인이란 이러한 데카르트적 자아 탐구와 결합된 하나의 시적 창조 과정이다. 이 과정에서 우리는 다양한 시도를 통해 자신만의 스타일을 형성하고, 자신만의 목소리를 찾아간다. 이는 데카르트의 철학에서 말하는 자아 인식의 확장이다.

　디자인의 시적 본질은 우리가 완벽하게 설명할 수 없는 감정을 표현하는 데 있다. 데카르트는 합리적인 사고를 통해 명료한 답을 찾고자 했지만, 동시에 인간의 마음과 감정은 논리로만 풀어낼 수 없는 영역도 존재한다. 이는 디자인과 시 창작의 본질이자, 데카르트의 철학적 사고를 삶에 적용할 때 우리가 마주하는 한계이다. 삶을 디자인한다는 것은 자신을 온전히 이해하고 표현하는 과정인 동시에, 그 한계를 인정하고 끊임없이 넘어서려는 시적 여정이다.

　데카르트는 의심을 통해 진리를 찾고, 사고하는 주체로서의 인간의 역할을 강조했다. 이러한 철학적 기초는 우리가 삶을 디자인하고 시적으로 표현하는 과정에도 깊이 스며있다. 삶을 디자인한다는 것은 앞서 언급했듯이 단순히 외부적 요인을 맞추어가는 것이 아니라, 자신의 본질을 찾아내고 이를 형상화하는 과정이다.

  시가 감정과 사상을 한 문장 안에 응축하듯, 삶의 디자인 역시 우리의 존재와 본질을 드러내는 예술적 행위다. 디자인이 곧 시이고, 삶이 곧 시라는 이 통찰은 데카르트의 철학과 맞닿아 있다. 사고하는 인간으로서 우리는 삶을 스스로 설계하고, 이를 통해 시와 같은 고유한 아름다움을 창조한다. 결국, 우리의 삶은 디자인이고, 디자인은 시다. 고로, 우리의 삶은 한 편의 시다.

담현:澹弦 김선규

인덕대학교 디지털산업디자인학과 겸임교수
LG전자(주) 디자인경영센터 책임연구원
대한민국 디자인전람회 초대디자이너 및 심사위원
문학고을 기획본부장

〈주요수상〉

2024 제3회 문학고을 청목문학상(작가대상)
2024 제2회 시사불교매너리즘 신춘문예 우수상 (디카시 부문)
2024 대한민국 디자인대상 대통령상
2024 제9회 한국디카시 경시대회 1등 작품상
2023 문학고을 시부문 신인문학상
2022 대한민국 100인 대상 산업디자인부문 우수대상

〈저서〉

『내 안에 꽃으로 핀 그대』(윤보영 시인학교 10기 공저시십)
『문학고을 선집 제9집~15집 』(공저 종합눈예시)
『서울시 고등학교 제품디자인 교과서』(공지)

| 문학고을 소식 · 제1회 문학고을 백일장 |

# 제1회 문학고을 백일장

**편집부**

〈제1회 문학고을 백일장 당선작 내역〉

 하반기 모항해나루 정모에서 '고엽 낙엽 가을'을 주제로 즉석 백일장을 진행 수상한 작품을 소개합니다.
 이번 백일장에는 금상 1, 은상 2, 동상 3, 가작 1, 순으로 상금 및 상장을 수여하였습니다.
 또한 하기 수상작은 『종합문예지 청목』 제16호에 실려 콘텐츠를 풍성하게 함은 물론 문단의 저력과 대표적 콘텐츠로 발전 성장시켜 나갈 예정입니다. 2025년 봄 상반기 정모에서도 제2회 백일장을 시행할 예정이오니 많이들 참여해 문학적 기량을 뽐내시기 바랍니다.
 작품성 또한 심사위원님들의 탄성을 자아낼 정도의 많은 칭찬이 있으셨습니다. 참가 작가님들의 수준 높은 작품들을 감상해 보시기 바랍니다.
 참고로 제2회 백일장부터 문학고을 정회원제 정관에 따른 정회원제 가입하신 정회원만 참여할 수 있음도 아울러 고지 드립니다.

◆ 2024년 문학고을 부안 모항해나루 하반기 정모

- 아　래-

〈금상 부문〉

왜 그리움의 손목을 끌고 오는가 / 안영숙


배젊은 매미의 목청이
닳아빠진 파도처럼 휘청이고
자주색 바람이
코스모스 꽃밥 속으로
한 수저씩 배어든다.

첫키스처럼 모든 별리의 노트에
각인되어지는
애수의 기호

꽃웃음 피우며 두근거리던 달달한 8월이 마르고 있다.
왜 그리움의 손목을 끌고 오는가

너에게로 가는 시간의 퇴적물이
거꾸로 달려갈 때
어쩌면 너는 줄곧 거기 서 있었는지 모른다.

매미가 다시 푸르게 우는 날
긴 사랑을 나눈 내가
상실의 손목을 반납하러
파도처럼
걸어라리라.

---

안영숙 (시인, 수필가, 시낭송가)

약력
2010년 〈문장21〉 수필 등단
2019년 〈문학고을〉 시 등단
2023년 〈사이펀〉 신인상 수상
2023년 강원 문협 시낭송 대회 입상

유튜브 〈유연의 문학 TV〉 '시처럼 살자' 운영
2023년 한민족 통일 문화 제전 시부문 강원특별자치도지사상 수상
2024년 DMZ 문학상 수상

저서
첫시집: 〈나는 여기 있습니까〉
현) 문학고을 강원지부 부지부장

〈은상 부문〉

## 가을 그림자 / 염혜원

물결 위 가을바람이 쉬어가고
달빛이 드는 고요를 봅니다

기억은 차가운 그림자를 그리며
남겨진 것들을 생각합니다

누구의 발자국도 머물지 않는 새벽
그리워할 것마저 없는 밤

돌아오지 않는다는 걸 알면서도
바다의 소리를 기다립니다

잡을 수 없는 그림자는 그렇게
또 하나의 가을을 지나갑니다

---

송언松現 염혜원 시인

약력

대일외고졸업, 서울예대졸업
중앙대학교 예술대학원 문예창작전문가과정
UN평화국제교류기구 홍보대사

중입자치료지원센터코리아 실장
문학고을 홍보본부장 / 서울지부 지부장

문학고을 등단 시 부문 신인 문학상 수상
문학고을 최우수 작가상 수상
문학고을 청목문학상(작가대상) 수상

제7회 경남고성 국제한글디카시공모전 우수상
제9회 이병주하동국제문학제 디카시공모전 우수상
제6회 한국디카시경시대회 1등 작품상
〈저서〉
문학고을 6, 7, 8, 9, 10, 11, 12, 13, 14 선집 공저 - '시향' '향촌의 사계' 공저

## 낙엽 / 김선규

눈물 한 방울
떨어진 낙엽에서
떠난 님의 마지막 발자국 소리

그리움 안은 님의 눈동자에
바람이 앉고
낙엽 따라 고해의 바다가 온다

낙엽에 이슬 내리면
고독한 이의 목마름에
한잔 술의 사연이 간다

찬 서리에 몸 기대어
그녀의 책갈피에서 흔들릴 때
잃어버린 언어가 길이 된다.

---

김선규 시인

약력

방송통신대학교 문화교양학과
사회복지사
강원전통예술협회 작가
연극극단 에버그린
자영업
문학고을 신인 문학상 수상
문학고을 등단 시 부문
문학고을 최우수작가상 수상
현) 문학고을 강원지부장

〈동상 부문〉

가을둥지 / 나금복

봄부터 흙을 파고 긁어냈다
어느새 포클레인에 둥지를 튼 가을이
오후 햇살을 쬐고 있다

누렇게 익은 어머니의 펑퍼짐한 둥근 가을이 모여
인기척 뜸한 시골 들녘을 지키는 모양

듬뿍 퍼올린 수확 곳곳으로 옮겨져
늦가을 맛을 풍기겠지

식탁에 올라온 어머니의 둥지
올겨울 늙은 호박죽의 단내는
어디에 둥지를 틀까

---

나금복 시인

약력

1967년 함평 출생
2022년 대한민국 국향대전 시 공모 최우수상, 2023년 《시와사람》시 부문 신인상, 문학동인 자미 회원, 시와사람시학회 회원, 함평문인협회 회원. 현)함평성심병원 근무

## 고엽 / 김주옥

한 잎의 슬픔이 떨어지네

그대로 하여 눈물이 마르네

봄부터 돋던 뾰족한 가시
대나무 마디 같은 고통의 나이테
하나 둘 낙엽 따라 떠나네

차곡차곡 쌓여가는 볏짚의 눈높이
그 높이만큼 충만한 그리움

농부의 흥겨운 춤사위 너울대는
다복하고 배부른 사랑아

긴 겨울로 걸어들어가 그대와
추운 계절 봄꿈을 꾸며 살고 싶어라

---

김주옥 시인, 수필가, 소설가

약력

문학 희사 엉이스토리텔링지도사
언어발달지도사 심리상담사
외상심리상담사 아동심리상담사
미술심리상담사 베이비플래너
1997년 월간 〈한국시〉 신인상 수상 등단
2009년 〈 國家賞勳人物大典 〉에 등재
2004년 세계문화예술아카데미 세계시인회
제24회 세계시인대회기념 세계시인사전에 등재

2011년 문화공보부 추천도서
〈 韓國 詩 大事典〉에 수록. 을지출판공사
2012년 現代 韓國人物史
〈韓國民族精神振興會〉에 수록
2020년 마한문학상 수상
2021년 문학고을 〈동시부문〉 신인상 수상
2010년 시집
〈아가야, 너의 서른에는 무엇을 보았니〉
2020년 시집
〈아가야, 너의 예순에는 무엇을 만났니〉
2022년 시집 : 〈그저 좋은 당신의 시간〉
2022년 제60회 강원예술제 시화전 작품공모
2024년 동시집 〈'딩동! 축복이 왔어요'〉
2024년 제2회 청목문학상 (작가대상) 수상
현) 문학고을 고문

공저
시집 〈내 생에 한 번 뿐인 사랑〉
〈생명, 그 버거운 무게여〉외 다수
수필집 〈휘돌아 함께 걷는 길〉외 다수
문학고을 시선집 다수


## 가을 바다 / 방동현

봄, 잠을 물리며 지은 이슬 농사

햇살에 앗기고


여름 한철 땡볕과 열대야

사이에서

그림자 지우는 연습을 하다

구름에 붙들려 내려선 곳
길이 꼬리를 감춘 낯선 바다

가고 옴의 끝
달아나지 못한 볕이
어둠 속에서 알알이 부서진다

떠날 수 없는 것들이
새벽마다 절망을 토하는

여긴
가을 바다

---

방동현 시인

약력

1962년생. 서울 은평 거주
충남대 국어국문학과 졸업
공직 1992~2022
직무관련 표창
서울시 시장상 2회, 보건복지부 장관상 2회
대통령 표창 1회
2022. 문학고을 신인 문학상 수상
문학고을 등단 시부문
2024 제 3회 청목문학상(작가대상)수상
2024 신준분예 제14회 샘문문학
특별 창작상 부문 당선
2023. 첫 시집 『그대가 꾸는 꿈』 출간

〈가작 (佳作) 부문〉

가을에 가장 듣고 싶은 말 / 김희선

바람을 배회하다
나뭇가지에 걸린 발자국을 따라가 본다.
잠시 웃고 잠시 울다 가는 계절
올 때는 출렁이는 숨결을 데려오더니
갈 때는 소슬바람 남기고 간다.

단풍잎 피고 지며 에워서 돌아가던 길
사붓사붓 지나가는 곁에
미적거리며 내보인 잃어버린 얼굴.
슴벅이는 눈망울에
반짝이는 입김 불어 넣어,
하늘 위로 취기 내보내고
달빛 아래 청춘을 누워 본다.

서로의 그늘 속에 가슴앓이하면서
아무것도 하지 못하고
소리 없이 어긋나 버리지만
살면서,
가슴을 쿵쿵 뛰게 하는 고동 소리는

네 뒤에 내가 있으니
아무 걱정 말고 나만 믿어.

---

김희선 시인

약력

1967년 제주 출생
한국 방통대 국어 국문학과 졸업
문학고을 신인 문학상 수상
문학고을 등단 시 부문

문학고을 시세이 · 02

# 오메 어쩔까

### 신경희 시세이

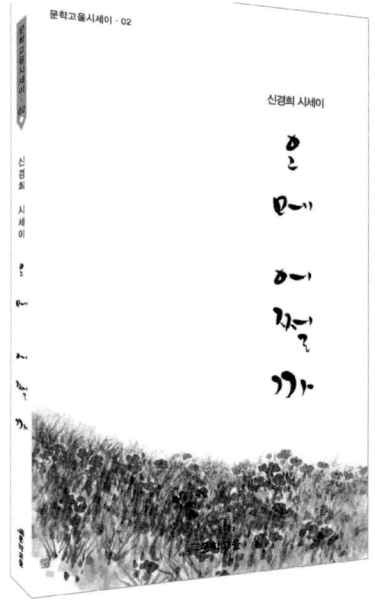

값 12,000원
180쪽 | 2023년 10월 27일 발간

54년 서울 출생.
숙명여자대학교 사학과 졸업
중등교사 퇴직
전) 학교법인 이사
문학고을 신인문학상 수상
문학고을 시, 수필 등단
문학고을 고문. 자문위원
강원문협회원
강원시조시인협회회원

\*수상
문학고을 청목문학상(작가대상)수상
60+책의 해 글쓰기
보령 해변학교 전국 문학작품 공모전
강원 문협 시화전 우수상 수상
경북일보 이야기보따리(수필)
제9회 항공문학상수필 우수상 외 다수

공저 : 문학고을 시선집 1~15집
강원문학 55집, 강원문단4집
첫 시집:「오메 어쩔까」
동인지: 오월에 피는 꽃
헌) 문학고을 부회장

**문학고을**
주소: 경기도 부천시 오정구 성곡로 16번길 7 901호
서울사무실: 서울시 강남구 학동로38길 38 (논현동)2층 204호
Tel. 02-540-3887 E-mail. narin2115@naver.com

# 신작시

| | |
|---|---|
| 강민기 | 이군호 |
| 김경곤 | 이성계 |
| 김계이 | 이세종 |
| 김선규 | 이재우 |
| 김옥희 | 이정열 |
| 김창배 | 이현숙 |
| 김희숙 | 이홍재 |
| 나중식 | 임성환 |
| 류영형 | 전용석 |
| 마경량 | 전인숙 |
| 박재만 | 전재준 |
| 박정순 | 정동혁 |
| 배상록 | 조문일 |
| 서어진 | 조영예 |
| 성용군 | 지서희 |
| 신기순 | 최근용 |
| 신현경 | 최중희 |
| 양희범 | 최해영 |
| 오주현 | 한순남 |
| 오향숙 | |

# 남해 바다를 닮은 아낙 외 2편

강민기

남해 바다처럼 깊게
그 마음 감추며 살아온
바다 닮은 아낙

파도에 몸을 기댈수록
어깨는 점점 더 낮아지고
소금빛 물든 손등 위엔
지나간 나날들이 깃들어 있다

해풍에 시들어버린 꽃잎처럼
서러운 눈빛을 머금은 채

오늘도 먼 바다를 바라보며
아무도 모르게 속으로 운다
그 아픔을 누가 알까
바람만이 그 곁을 지나며 느낄 뿐

거친 손끝에 남은 삶의 흔적들
그 한숨을 누가 어루만지리

# 어느새 난 어른이 되어 있었다

가을빛 스미는 길 위에
어느새 난 어른이 되어 있었다
어릴 적 손 닿지 않던 세월이
내 몸에 고요히 내려앉은 듯

사랑과 이별을 책 속에서만 읽던
그 시절엔 미처 몰랐지
얼마나 많은 이야기들이
내 발걸음에 묻어갈지

어깨를 짓누르는 무게들이
지나온 길마다 새겨졌지만
그 무게조차도 나를 만든 시간

삶이란 바람에 흔들리는 갈대 같아도
어떤 순간에도
내 뿌리는 깊이 뻗어나가고 있었난 설

오늘도 새로운 길을 나서며
흩날리는 바람 속에 묻는다
어릴 석 꿈은 어디에 남았을지

그리고 그 꿈이 지금의 나를
어떻게 물들였을지

## 가족은 언제나 늘 그 자리에

기다려주지 않는다

늘 그 자리에 있을 줄 알았다
식탁 너머 따스한 눈길
문득 돌아보면 거기 있을 줄 알았다

바쁘게 지나쳐도
어디 가지 않을 거라 믿었다
그 자리가 오래도록 내 곁에 남을 줄 알았다

하지만 시간은 쉼 없이 흘러
그 따스함도 언젠가는 사라지는 것
내가 뒤돌아볼 때마다 기다려주는 것이 아님을

문득 빈 자리를 마주할 때
내 곁에 항상 있던 그 자리는
아무것도 아닌 듯 고요히 비워져 있었다

그래서 이제는 기억하리
그 자리가 주는 따뜻함을
언제나 영원하지 않은 그 순간들을

**강민기 시인**

경상도 진주 출생
구미대학교 간호대학 재학
문예지 《《문학고을》》 시 부문 신인문학상(2024) 수상 [문단 등단]
한국간호사작가협회, 한국시인작가문인회,
한국문학동인회, 석교시조문학회, 한국예술시문학회,

상록수 문학회, (태영)한하운 문학회, 남한산성문학회,
시의전당문인협회 - 회원, 천성문인협회 - 이사
전라매일신문 [문학산책] 등재, 합천군 신문 [시 한편 읽을 여유] 등재

**수상**

보건복지부 장관상(2024) 수상, 자생한방병원장 장려상(2024) 수상
보건의료통합봉사회 감사장(2024) 수상

**저서)**

문학고을 제 14시선집 여름호, 인향문단 제7집 시의침묵 계간지
공김문획 제 6집 문예시, 천성문학 계간지 제 11,12,13집
전당문학 제4집 문예지

# 금호꽃섬 외 2편

김경곤

하늘거리는 코스모스 대구니에
살포시 걸어 놓은 웃상들!
하늬바람 타고 온 깃털들처럼
금호꽃섬에 나부끼고…

하얀 쪽머리의 억새들 허리에
시름 한 움큼씩 매어 놓는 만상들!
갈바람 타고 온 흙먼지처럼
하중도에 수북이 쌓이고…

하늘을 헤집는 기러기들에게
젖가슴 내어주는 금호강!
도도陶陶하게 거니는 엄마처럼
수달을 등에 업고 노닐고…

하얀 꽃내음 흩날리는 코스모스처럼
가녀린 미수米壽의 노모!
비비적거리며 사는 억새들처럼
나와 함께 유유히 살아가오.

## 새벽의 마법


아무도 걷지 않은 새벽길을 혼자 지르밟은 적이 있나요!
당신은 세상을 항해할 기개가 있는 사람입니다.

누구도 마시지 않은 새벽 공기를 자주 맛보고 있나요!
세상에서 당신은 부요할 자질이 있는 사람입니다.

절망의 나락으로 떨어진 적이 있나요!
당신은 아무나 보지 못한 새벽빛을 본 사람입니다.

골이 깊을수록 뫼가 높듯이
새벽을 많이 주울수록 당신의 등불은 더 찬연합니다.

## 속 빈 강정

귓불에는 샤넬 향수
얼굴에는 로레알 화장
손목에는 롤렉스 시계
어깨에는 루이비통 가방
발에는 지미추 구두
온몸에는 구찌 의상

이마는 녹슨 훈장
입은 썩은 하수구
얼굴은 바느질한 속옷
머리는 텅 빈 곳간
가슴은 차가운 밥통
손은 예리한 부메랑

**청곡靑鵠 김경곤 시인**

경북 의성 출생
금오공고 전자과 졸
한국방송통신대학교 국어국문학과 졸
현, 케이3테크(K3테크) 대표
문학고을 신인문학상 시 부문 수상
『문학고을선집 제13집 봄』, 염예원 외 공저(2024)
『문학고을선집 제15호』, 조현민 외 공저(2024)
° E-mail: k3tech@naver.com

# 삼국지 별곡 2 외 2편

김계이


군 입대 앞둔
큰오빠 방에 쌓여있는 책에서는
언제나 고소한 냄새가 났다

몰래몰래
페이지를 넘길 때마다
초등학생 말라깽이를 알아보는 듯
글 사람은 조조할인을 연출했다.

모두가 주인공
영영 눈감기보다 두려운 생존
뒷덜미에 늘 삭풍 불고
눈 밝은 노랫말은 일찍 철들었지

엎치락뒤치락 승패의 갈림길
예나 지금이나
변하지 않는 것이 있을까

훔쳐 읽던 오빠의 삼국지
남독의 시간 속에서

1인 관객 영상은 오래가지 못했지만

요원한 탈고
봉인되지 않은 깃발은
노랑 은행나무 꼭대기로
너울너울 날아간다.

## 별리

눈 뜬 장님으로 더듬거리다가
돌멩이에게라도
말 걸고 싶었다.

다다르지 못하고 돌아온 모국어
사방 벽에 부딪혀
피 흘리는 횡설수설
연필심보다 쉽게 부러진다

혼잣말하는 시나리오가
마침표를 찍으면
마른 고요는 온기를 수혈 받아
새 하루가 타인처럼 들어오는데

외눈박이로 건너가는
거친 강
이세
심학규* 후기는 궁금하지 않다.

---

\* 심학규: 심청전 맹인

## 입동*

바다에 닿지 못한
고단한 하늘 강은
숲 머리를 베고 눕는데
거울 속 갈대가
빈혈 앓는 얼굴로 수척하고

영화에서
죽지 않는 주연처럼
달력은
달 저물도록 살아남아서
희비쌍곡선 아리아를
테너음색으로 회상 한다

창틈에 끼어
위태롭던 파랑 바람이
제 갈 길 간다 해도
딱히 달라질 것 없는 날

그래도

---

* 입동: 11월7일경

서설瑞雪은
어디쯤 거기쯤 오고 있을까
군불 온도 올리며
겨울 첫 문장을 쓴다.

김계이 시인

전북 김제 출생
원광디지털대학교 동양학과 졸업
문학고을 신인문학상 수상
문학고을 등단 시, 동시부문
공저
문학고을선집 13,14,15호

## 장맛비는 내리는데 외 2편

김선규

투둑투둑
낡은 양철 지붕을 울리는 빗줄기
처마에서 넌지시 나를 보는 빗물
방울방울 과거를 되돌리며
처마를 뛰어내려와 바닥을 긴다

그래 그랬었지
그때 비 오는 날 처마 밑에서
그녀와의 망설임
정情도 사랑도 덧없다며
외치던 양철지붕의 소리 소리

하늘은 파란 것도 아니고
구름도 솜사탕처럼 달콤하지도 않고
낮이면 꼭 해가 뜨는 것도 아니라며
줄기차게 때리던 검은 양철지붕

하루 종일 내리던
그날 그 장맛비 오늘도 내리는데
아픈 이별과 덧없다던 사랑도

미움까지 지워진 시간에
빗줄기만 그리운 소리를 질러댄다

## 희수


오전 시간인데도 잿빛 아래 밤같이 어두운 비가 내렸다

하필 이런 날씨에 우리와 정반대인 낮과 밤이 다른 지구 반대편 샌프란시스코행 비행기에 타게 되었으니 불안함은 어쩔 수가 없다

소외되고 낮은 곳에 임하라던 예수님의 말씀과
하늘로 높게 올릴수록 하느님과 가까워진다며 비벨탑과 예배당 철탑을 높이던 그들처럼 나도 비행로 이렇게 오르면 하느님과의 거리가 좁혀질 수 있는 걸까 없는 걸까

그리고 이런 날 비행기가 떨어지면 비행기 속 누가 먼저 세상을 하직할까라는 쓰잘데기 없는 생각과 항상 들리던 이명을 기계음으로 막는 종잇장 같은 비행기 속에서 낮과 밤의 경계는 태양일까 달일까를 생각하다 낮과 밤이 다른 서울과 샌프란시스코의 시차는 몇 시간 일까를 따지고 있었지

치솟는 비행기 속에서 하늘과 땅의 경계는 없었어
단지 구름만이 그 어디쯤에 있었을 뿐이지 구름을 뚫고 오

른 하늘엔 태양만이 찬란했고 어두운 비는 땅에서만 내리고 있었지

희수*가 태국으로 가던 날도 쏟아지는 빗줄기로 구름이 가른 하늘과 땅 사이에 경계 없는 사랑을 노래하는 바람으로 있었겠지

참기름 풍기는 기내식 비빔밥을 맛나게 먹던 여자와 공짜 술에 취해 곯아 떨어진 남자와 비즈니스석에 탄 사이비 교주와 그 비즈니스석 보다 비싼 수술비로 이코노믹석에 앉아있던 희수는 삶과 죽음의 경계가 무엇인지 알고는 있었을까

---

* 희수 (변희수): 육군 부대 부사관으로 근무하던 중 성 정체성의 혼란을 느끼고 커밍아웃을 하였다. 소속 부대장의 허가로 국외 휴가를 받아 성전환 수술을 받고 돌아와 여군으로 근무하기로 하였으나, 군은 그녀의 강제 전역을 결정했다. 전역 예정 날 연락이 두절된 후 22살의 나이로 스스로 생을 마감했다.

## 월정사 가는 길

님 향한 마음
마음먹기 달렸다고
맘 달래가며 가는 길

바람 소리 물소리
끊임없이
고요를 두드린다

어지러운 가슴 안고
구름처럼 걷다가
휘젓는 마음에
들리는 헛된 바람 소리
끝내 잠들 줄 모르던
심장을 뒤흔든다

폐부 깊숙이 찌르는
고통이야 견뎠으나
고독의 한숨은 어찌하나

월정사 전나무는

아는지 모르는지
하늘만 보고 치솟아 있고

김선규 시인

문학고을 신인 문학상
문학고을 최우수작가상
원주문인협회 회원
문학고을 강원지부장
문학고을 최우수작가상 수상

## 엄마 나랑 같이 살아요 외 2편

김옥희

된바람에 시퍼렇게 멍든 겨울 하늘
으스스 시린 감이 온몸을 휩싼다
문틈에 낀 한랭한 바람
한숨 불어넣은 방안은
섬뜩한 떨림의 현기증

겉에서 보면
강남 한복판 푸른 잔디 품은 이층 양옥
남이 부러워하고 살고 싶어 하는 집
그러나 진일 말이 없는 감옥

안에서 보면
인정머리 없고 사랑 없는
살고 싶지 않은 메마른 집
불땔꾼 며느리 밥 허기져
풀이 바람에 쓰러지듯 눕는다

몸과 마음이 삭아 빠질까 두려워
한길 건너 따뜻한 아파트로
겨우살이 하러 봇짐을 꾸리다

시간은 굴렁쇠처럼 빨리도 굴러간다
꽃들이 벙그는 봄이 쏟아지니
다음 해 겨울을 기약하며 다시 봇짐을 싸는
손길은 바늘털이의 몸부림같이 처절하다

"엄마 이제 나랑 여기서 쭉~ 살아요"

## 러브레터

봄을 뽐내려는 꽃들이 앞다투어 피면서
겉옷의 무게도 가벼워지고
한 겹씩 벗겨지면서 지나온 세월도 거둬낸다

체육 시간이 있는 날이면
책가방 속 이름 없는 편지
방아다리 굽이돌아 소나무 숲 언덕에 앉아
누가 볼세라 살며시 꺼내 본다
……………………
누구일까

비 오는 체육 시간 뒤 텅 빈 책가방 속
호기심이 설렘으로
기다림이 초조함으로
바뀌어 가던 순간들

너였구나
편지 속 숨어 있던 것이
너였구나
눈 맞춤 못 하고 피하던 것이

답장 한번 보내지 못하고
메아리 없는 편지만 받았구나
그리움 조각으로 수놓았던

그 시절 러브레터

## 꽃 사랑

꽃이 한가득 우리 집
자식만큼 꽃을 사랑한
울 엄마
매해 둥그런 화단
키 순서대로
심어지는 꽃들

아침 햇살 퍼질 때
뿌려주는 물
햇빛 머금고
보석이 된다

화단의 큰 수혜자가 나라는 걸
지금껏 잊고 살았다

엄마 나이가 되어가는 지금
꽃 사랑 품어 주고
간 엄마

가슴 시리도록 보고 싶다

김옥희 시인

수원여대 외래교수
신성대학 외래교수
문예비전 신인상(시 부문)
한국경기시인협회 회원
한국시소리예술인협회 회원
문학고을 신인상(시 부문)

## 포구浦口 외 2편

김창배

갈매기 끼룩끼룩 바다 위를 날고
푸른 바닷물결 출렁이는 학리 포구
멀리 달음산 취봉과 옥녀봉 우뚝 서고
어촌의 작은 포구를 내려다보네.

어촌 사람들 삶 녹록지 않으리
거친 파도와 싸워 이겨 내고
강인한 모습 얼굴에 새기고 살지만
마음만은 바다같이 넓고 인정 있네.

육지를 포근히 감싸는 모성의 바다
해안선 따라 파도에 깎이고 쓸려
아름답게 빚어낸 기암절벽 즐비하고
꼭 걷고 싶은 칠백 리 갈맷길 명품이네.

등댓불 반짝이는 학리 마을 포구
싱싱한 해산물과 장어구이 한 상 차려놓고
평화로운 포구에서 온 가족 모였으니
이참에 가정 행복을 낚아 보련다!

## 찰나의 비상 飛翔

큰 새 한 마리가 건너편 강에서
날개를 펴더니 두려움도 하나 없이
강변 둑에 날아와 우아하게 깃을 접는다.

전혀 경계심도 없고 친근한 이웃인 양
눈을 굴려 보아도 적은 보이지 않는다.
날개의 길이도 1미터는 족히 넘을 듯

이놈을 잘 찍어 볼 셈으로 카메라를 들이대어도
관심 없고 눈을 동그랗게 뜨고 갸우뚱한다.
과연 천적이 될 수 없는 사람일 뿐

내가 귀찮은 존재인지 흔들흔들 시동을 걸더니
웅크린 자세로 날개를 힘껏 쳐올려
멋진 비상을 한다.

## 풍기역에 가면

풍기역을 가본 적이 없지만 내가 아는 것은
죽령을 넘어 비로봉 철쭉 산행의 낯선 경험
금산에 버금가는 인삼의 생산지로 유명한 곳

산등선이 완만하고 울창한 숲과 주목의 군락들
깊은 골짜기에서 힘찬 물줄기 쏟아 내는 죽령폭포
가을 단풍과 눈꽃 산행 철마다 볼거리 넘치는 곳

풍기역을 배경으로 올려놓은 사진 한 장의 의미
민족의 명산 소백산의 많은 것을 생각나게 하고
녹이 슨 채로 멈춰 서있는 901호 증기기관차
옛 명성은 풍경 속 추억으로 남아 있구나!

관광객을 싣고 뿜뿜 거리며 달리던 증기기관차
낭만과 추억의 기차 여행은 역사의 뒤안길에 숨고
급수탑은 명물이 되어 홀로 위용을 뽐내고 있네.

증기기관차의 기적소리는 들어 본 적 없건마는
거친 바람 잠재우는 희방사 동종소리만 아련하네.
지금도 풍기역에 가면 901호 증기기관차가 있다.

김창배(호, 竹山) 시인

우송대학교 교육원 원장/교수
경성대학교 대학원 박사 수료
부산교통공사 교육원 교수역임
문학고을 신인문학상 수상
문학고을 등단 시 부문
문학고을 우수 작가상 수상

# 볕에 익어가리라 외 2편

김희숙

뙤약볕 담금질에도
갈매빛 녹음은 짙어가고
바람을 그리워하고
적시던 빗줄기 움켜쥔 채
지리한 장마끝
그럼에도 영글어가는 열매

하늬바람 등에 업은 잠자리
무리 지어 비행하고
성큼성큼 다가선
가을의 전령사 풀벌레 소리

여름 물젖은 빨래처럼 무겁고
막 삶은 감자처럼 뜨겁다
한여름 땡볕에 붉어가는 결실

## 영흥도 십리포해수욕장 소사나무

섬그늘로 자리매김까지 머나먼 세월
파도의 악다구니 해풍의 매질
짜디짠 바다의 눈물에 절여져
비틀리고 구멍나고 쥐어짜여졌나

군락을 이뤄 서로 얼키고설키고 기대어
염기 가득한 해풍에 맞서고 파도에
실려온 짜디짠 물세례에 견디었으리

억겁의 세월 끝나지 않을 바닷가 파노라마
소사나무 아래 섬그늘엔 이야기가 있다

## 가을데생 2

가을빛은 무지개처럼
소리 없이 예고없이
살며시 다가와 어느새
빨주노초파남보 빛난다

시간의 흐름을 부여잡고
갈잎은 바람결에 속절없이
떨구어 대지를 품어 안고
숨 고르며 뒹굴어 소복소복

파아란 하늘 구름은 바람의
속삭임에 간드러지고 저만치
빛살 고운 단풍 손사래 치며
가을을 흔들어 깨우며 깊어간다

낙엽의 잔향 콧망울 시리고
들녘엔 빈둥지 가슴 아린 여운
벌거벗은 나목 두터운 갑옷 입고
자생의 긴 동면에 들 시간이다
차라한 봄을 꿈꾸면서

김희숙 시인

1960 경기 안산 출생
요식업
문학고을 신인문학상 수상
문학고을 등단 시 부문
글벗 지기 자문위원
공저
문학고을 시선집 다수
문학고을 우수작가상 수상
현) 문학고을 경기지부 지부장

## 샛강 강변에 서서 외 2편

나중식

어릴 때 입을 맞춘 소녀는
지금쯤 어디서 무얼 하고 있을까?

내 기억 속 영상은 그대로인데
그날의 流光은 아직도 나를 부르는데
어느 바다 어느 모래사장에서 나처럼 늙어갈까
그날을 뒤돌아 나 볼까

천년을 하루같이 흘러 흘러
무심한 듯 영원하지 않은 넌 말이 없구나

생멸하는 것은 존재하는 것이 아니기에
소녀는 스스로 자신의 존재를 말하지 않는다

한번 가면 돌아오지 않고
그 자리 떠나면 더는 자신이 아니라는 걸
그녀는 알고 있기 때문이다

똬리 쳐 꿈틀대는
저 도도한 천년이 몸부림이 서럽지 않은 긴

자신이 어디서 온 누구인지
함백산의 눈석임물인지 소백산의 빗물인지
동강에 두고 온 사랑이 그리워
남몰래 흘리는 황강의 피눈물인지
자신의 아픈 이력을 알려고 하지 않기 때문이다

뒤돌아볼 생각을 하지 않기 때문이다

흐르는 샛강 강물을 보며
생멸하는 너와 나의 인연을 생각한다.

# 선도산

이곳 어디쯤 분명 범梵의 눈이 하나 있었지
등과 등, 계곡과 계곡
굴곡진 산 등허리 주름 저 어디쯤

기억해 보렴
밤새도록 한쪽 눈 뜨고
도시의 이야기를 듣던 그 날들을
비 오는 날이면 도깨비불이 되어 춤을 추었고
칠흑 같은 밤이면 시리우스가 되어
삶에 지친 도시의 영혼을 위로하던 너
누군가의 눈물 때문에 잠들지 못하고
누군가의 불빛 때문에 눈먼 장님이 되어
한없이 슬퍼했던 너
주말이면 외눈박이 넌, 넌 밤새 속세의
아픈 이야기만 들었었지

생각해 보렴
누군가 산속 농막에 불 하나 켜면
도시의 오물들이 쏟아지고
이방인들이 분 긴과 때를 온몸에 뒤집어쓰고

한 주일 내내 넌 몸살을 앓았었지
언제부터인가 산막의 불이 켜지지 않았다
그때부터 산은 합장하고, 깊은 도심에 빠졌다
평상심으로 돌아온 산은 이제 더는
도시의 이야기가 궁금하지 않았다
돌까치 깍깍 주인 오기를 기다려도
주인은 오지 않고 등불은 켜지지 않았다
기다려도 기다려도
도시의 이야기는 들리지 않았다

산은 드디어 산이 되었다.
선도산이 되었다.

## 이것, 연필 하나 들고

시편 1… 2… 3…… 너희들이 태어난 건 기적이었어, 잉태한 산모에서 핏덩이를 받아준 건 이것이었으니까. 내 아픈 시절, 어둡고 텅 빈 방에 홀로 누워있을 때, 구새 먹은 내 몸통 어딘가에서 이상한 오케스트라 연주 소리가 들렸어. 한 번도 들어보지 못한 고장 난 악기에서 내뿜는 불협화음, 분노와 절망, 원망과 후회, 근엄함 뒤에 감춰진 나약한 핑계와 변명, 그 공명과 떨림 속에서 나는 너를 본 거야. 그건 내 몸이 연주하는 내 삶의 뒷소리였어. 이 소리 저 소리 아프고 슬픈 그리고 아름답고 찬란한 생의 아우성, 가깝게 그리고 또 저 멀리…… 베토벤 악상 떠오르듯 끊임없이…… 그럴 때마다 나는 더듬더듬 무언가를 찾았던 거야. 학교 졸업 이후 한 번도 써 보지 못한 이것이 손에 잡혔어. 그게 기적인 거야. 누가 가져다 놓은 건지 나는 아직도 몰라. 놀랐어, 경악했지. 내 영혼 어디에 그런 문필과 시심이 살아 너희들을 애타게 부르고 있었는지, 그때부터 나는 어둡고 텅 빈 내 병실을 꽉 찬 희망으로 채우기 시작한 거야.

이것, 연필 하나 들고……

나중식 시인

전) 경성대학교 총장
현) 경성대학교 명예교수
청조근정훈장
문학고을 신인문학상 수상
문학고을 등단 시부문
제3회 청목문학상 (작가대상) 수상
현) 문학고을 수석고문

## 딸 시집가는 날 외2편

류영형

분주한 하루 예식장은 축하 인사
웃음꽃은 만발하고 여기저기 플래쉬
정신없는 인사에 혼은 반쯤 나간 채로
예식은 끝이 나네

하객분들 다 가시니 멍한 채로 집에 오니
없는 딸 생각나네

애지중지 키웠는데 그놈이 좋다 하니
낸들 어찌 도리 없고

없는 딸 방문 여니 눈물만 훔치네
애꿎은 사진만 하염없이 쳐다보고
방바닥에 주저앉아 넋두리 하소연만
혼잣말로 되뇌인다

슬픈 마음 추스려 소주 한 잔 채울 때
눈물이 또 잔 채우네

## 금오산 약사암

누군가 천년만년을 걸었을 그 길
가파른 암벽길 따라 고행길 이어진 천년 고찰
약사암의 법당 부처님 전에는
귀한 공양 놓여 있다

암벽에 붙은 돌이끼 수려한 풍광은 덤으로
옷을 입혀 풍상의 긴 세월 위엄으로 압도한다

깎아지른 암벽 사이 비경은 탄성과 감탄사만
연발하고 근심 걱정 내려놓고 위안을 얻는다

바위가 병풍처럼 둘러 쌓여
암벽에 꽉 끼운 듯 지어진 법당은
부처님의 자비가 충만하고

뒷산의 현월봉은 으뜸이요 정상이다
산 아래 발아래 민초들을 굽어살피는

팔각정의 종소리가 은은하게 울려 퍼진다
처마 밑에 수룩주룩 비가 내리면
구절초의 차향이 은은하게 배어 나온다

## 지리산

지리산 굽이굽이 능성 넘어 노고단 정상
돌탑은 인간사 만사 번민과 고통과 행복을
함께 아우르고 어루만질 듯 하고

발아래 열두 폭 병풍처럼 거대한
산 아래 구름 걸쳐있어
산신령이 정상을 지킬 듯
인간 세상 굽어 살펴줄 듯 하고

저 멀리 발 아래 섬진강이 길게
똬리를 틀고 도도하게 흐른다
성삼재 굽이 돌아 뱀사골의
풍경 또한 으뜸이다

휴게소에 찌짐 한 판 막걸리 한 잔에
온갖 시름 내려놓고 인생사 고통 잠시 잊고

범접할 수 없는 지리산의 영험함이
인생사 만사 굽어 살피소서

류영형 시인

62년 합천 출생
진주기계공고 졸업
경북공전기계과 졸업
철도청 부산시 근무
부산환경공단 차장 정년퇴임
문학고을 신인문학상 수상
문학고을 등단 시 부문

## 시절인연 時節因緣 외 2편

### 마경량

한순간에 감당해야 할 별리別離
때론 비처럼 쏟아져 내려
영화 속 주인공이 되기도 한다

매서운 북서풍에 시들해진 홍엽
인내의 시간을 투정 부리 듯
땅 위에 점을 찍고
둘둘 말린 조각난 시간의
파편을 헤집는다

마지막 붉은 깃발 펄럭이며
적요寂寥를 향해 가는 발자국
거리를 가득 메운 함성

시절인연時節因緣인가 보다
좋은 계절에 만난 좋은 인연들
흩어지는 모두가 갈색 내레이션.

## 술이 하는 말

어스름 길 달빛이 창가에 기대면
술병에 가득 채워진 뾰족한 세상의 말들
빈 술잔마다 삐뚤린 말로 채운다

술에서 나온 말은 거침없는 직진
주머니 속에서 만지작거리다 작아진 생각
잉걸불처럼 타오르는 불꽃 되어
밤새껏 표효의 폭포 속을 몇 삼듯
한소끔 지나면
깊숙이 박힌 가시 돋친 말
어느새 어둠 내린 골목길에 숨을 고른다

노포집 가득 메운 혀 꼬부린 문장들
탁자 위에 늘어진 밤
쓰러진 술병은 밤새 잠든 말들을 뱉는다

## 목련꽃 그리고 사랑

달빛으로 환한 밤인 줄 알았습니다
밤새 심지 하나 피워 올리고
하늘 향해 피어난 흰 꽃등
어둠 속을 비추었네요

햇빛으로 환한 낮인 줄 알았습니다
툭툭 하늘을 두드리고
날아갈 듯 움츠린 흰 미소
온 세상을 밝히었네요

하늘 향해 피워 올리는 하얀 기도
그대는 사랑입니다

山湖 마경량 시인

1963년 전남 완도 출신
호남대학교 경영학과 졸업
전, LG화학 퇴직 (30년 근속)
현, 케이알메디 대표

문학고을 신인문학상 수상
문학고을 등단 시 부문
고운글문예 최우수 작가상 수상
고운글문예 등단 수필 부문
공저, 문학고을 시선집 다수
계간문예지, 고운글문예 다수

첫시집, 『사랑 하나 그리움 둘』
e-mail: krma1633@naver.com

# 실마리 외 2편

박재만

여순으로 희생되신 민간인,
그곳에 계신 할아버지 아무도
흔적들이 녹아 있네.

반평생 씨앗 하나가 기적으로
눈물의 그날을 기억하려 하네,
쓸쓸히 누워 있는 그를 찾아.

세상은 변해 남은 것이 없는데,
변한 자들은 실마리를 가져오라네
법치는 여전하지만, 실마리는 없다.

그때도 지금도 법치는 있고,
그대는 정령 정의인가 불의인가,
정의와 불의 사이에서 고민하네.

정의는 시린 눈물로,
그대는 그들과 다르지 않다,
침묵한 흔적들은 여전히 아파.

꼭꼭 지워버린 실마리는 바람 속에,
바람은 고요히 슬픔을 안고 저 멀리 떠나가,
구름은 애타게 바람을 기다리네.

그대여 영혼을 돌려다오,
위로할 넋도 인정 못 한다면,
실마리는 없다, 누구의 짓인가.

그대여 바람 속에 갇힌 영혼을,
나는 바람의 눈물이다,
모진 비바람 속에 흩어진 외로운 영혼이여.

울음을 참지 마여,
바람을 타고 내려와 저들을 손짓하여,
그들이 지워버린 실마리를 적시소서

# 딸기

따뜻한 읍내, 서늘한 우리 마을
평균 기온 7℃는 웃돌아
바심재를 넘어야 와닿는
작고 소박한 우리 마을

짝을 잃어버린 앳된 소녀
등 뒤엔 갓 젖을 뗀 삼둥이를 업고
들녘에 피어난 온갖 풀들
모아서 겨우 목에 풀칠하며 견딘 세월,

큰애는 커서 군대로 가고
둘이는 커서 서울로 가고
큰애는 제대하여 우리 마을로
그렇게 이루어진 기적이라.

앳된 소녀 반평생이 어디 가고
하얀 눈꽃 머리 위에 피었네!
큰애기 지게 지고 머슴 살며
성실히 일군 텃밭 나날이 풍작.

십 년 늦은 연탄꽃 따스한 방
쌀이 없으면 보리로 밥을 짓고
보리가 없으면 고구마로 연명하니
풀칠하던 목에 살이 덩글덩글.

텃밭은 단지가 되고
단지엔 커다란 비닐하우스가 반짝반짝
읍내보다 추운 탓에
반촉성 딸기 겨우내 하우스에서 잠을 깨고.

봄이 시작되면 딸기가 주렁주렁
한 동에 수십 박스 매일매일
새벽이슬 밟고 이른 아침
바구니에 딸기 가득 앳된 소녀의 노고.

땅 위에 핀 황금이라 줍기만 해도
너무 많아 미처 남겨둔 황금꽃
꽃대가 되어 사방으로 줄기가
어름이 되니 황금꽃 물결이라.

넉넉한 인심 되어 이어지는 기쁨에

나무는 연탄으로 연탄은 전기로
세상은 편리로 편리는 효율로
변천하고 변해 만남은 이별이 되니.

풍요로움은 행복이 주는 느낌
지나간 날들에 행복해야지
그리움은 딸기처럼 주렁주렁
가슴에 피어나는데 담을 길이 없네.

# 엄마

꿈에도 그리운 당신
날마다 비가 내리는
내 마음은 길을 잃은 장마
돌이켜보면 아쉬움이 가득

고향을 떠나 먼 길에
꼭 성공하여 돌아올 날을
손꼽아 기다리니
이제는 높은 하늘만이 남아

세월에 부서진 바람이여,
어디론가 구름에 섞이어
소리 없는 영혼이 스치네.
가슴엔 목놓아 외침이여,

돌이킬 수만 있다면
다시 이토록 찢어지는 마음
무엇이 그토록 나를 몰았나
청춘은 어느새 굽어진 허리

애통한 나의 영혼
수년이 지나도 흔들려
멈출 줄 모르는 혼돈이여
누구나 세상 시름 갈 길을 가는데

어이하여 내 영혼은
오지 않는 그리운 당신을 다시금
되돌려 달라
그처럼 찢어지니.

박재만 시인

전남 담양 출생
2021년: 중부대학교 원격대학원 사회복지상담학 졸업, 석사
자격증:
미용사, 보육시설장, 사회복지사, 심리상담 1급, 요양보호 1급, 워드 1급, 간호조무사, 종자관리사(버섯) 등 다수 보유
문학 경력:
2004년: 수원화성문화축제 한글백일장 일반부 최우수상
2006년: 한국방송공사장상(KBS 아름다운 통일 작품공모전 동상)
2006년: 한국최초 우주실험 제안 전국대회 1등 최우수상(상금 100만 원)
2006년: 한국산업인력공단이사장상(제1회 우리가족글짓기 전국대회 입선)
2015년: 징애인권문화상 "대상" (상금 50만원)
2017년: 광주복지 36.5℃ 복지실천사례 공모전 우수상(상금 20만원)
2023년: 전국장애인과 함께하는 문예 글짓기 대회 "대상"
　　　(국회 농림축산식품해양수산위원회 위원장상)
2023년: 국가기록원장상(제16회 기록사랑 공모전 동상)
2024년: 함양 천령문화제 힌 글백일장 일반부 최우수상
2024년: 대자닌사밍 사진 공모전 장려상
2024년: 힌농대 에세이 공모전 우수상
현재: 2024년 『문학고을』 문예지 신인 문학상 수상(시인 딩선) 및 등단

## 벚꽃 외 2편

박정순

가로수길 벚꽃
바람이 불 때마다
한 잎 두 잎 가녀린 잎
바람에 날리더니
간밤에 내린 비에
가로수길 바닥을
분홍색 꽃 피웠다
피울 때 청초하더니
지는 모습도 아름다워라
시작과 끝이 한결같은
작고 귀여운 꽃 벚꽃

# 노래

노래의 날개
나를 날게 하고
노래의 가락
나를 노래하게 하고
노래의 율동
나를 춤추게 하고
노래의 속삭임
나를 평화로 이끈다.

## 목련

베란다 창밖
하얀 목련꽃
긴 겨울 이겨내고
고고하게 피었네
미풍에 산들산들
우아한 자태 뽐내더니
지나가는 삭풍에
커다란 꽃잎
가누지 못하더니
힘없이 길바닥에
몸을 누인다

박정순 시인, 수필가

52년생 원주 여고 졸
화가
98년과 평창올림픽 때
강원도 도지사상
그림책 응모 입선
문학고을 신인 문학상 수상
문학고을 등단 시 부문
공저
'종합문예지 청목' 시선집 다수

## 뜨락에 부는 바람 외 2편

**배상록**

환장합니다
이기지도 못하는 술을
왜 이리 마시고 난리냐?
어머니가 등을 토닥이시며
나를 어찌어찌 하려 하시지만
환장하는 내 속은
그냥 환장하고 맙니다

홍매화가 피는지도 감꽃이 떨어지는지도
외양간의 황소가 사라지는지도 몰랐습니다
홍두깨를 들고 쫓아와도 마냥 즐겁기만 했던
어머니와 나의 뜨락도, 이제는
흩어진 인연이 되고 말았다기에
내가 나서서라도 어찌어찌 하려 해 보지만
환장하는 내 속은
그냥 환장하고 맙니다

뜨락의 꽃들이 화사히도 피었습니다
하양, 빨강, 노랑……
움트는 나뭇잎과 새싹들이 그저 고마울 뿐입니다

아니, 빨강도 노랑도 아닌 산새들이 지저귀며
나를 어찌어찌 하려 하지만
환장하는 내 속은
끝내 환장하고 말았습니다

## 그대 내게

그대 마음
주지 마셔요
주었다가 혹여
마음끼리 서로 얽혀
바람 불 적마다
울음을 토해내는 나뭇가지처럼
상처를 키워가며
서로를 갉아먹을까
두려워요
그래도
그대 마음 내게 주시려거든
한 권의 책을 읽듯
조곤조곤 내 마음 넘겨보시고
풀밭을 나는 나비처럼
그대 마음 평화로우시다면, 그때
그때나 주셔요
그대 마음

## 열린 미학

입 다문 채
'그대, 사랑합니다!'라고
말해보세요

팔 벌리지 말고
'아이고, 내 새끼!' 하며
안아보세요

주머니는 어쩌죠?
지갑일랑 닫아 놓고 '오늘은 내가 쏠게'
해 보세요

새봄인데
꽃망울이 피어나지 않으면 어쩌죠?
나뭇가지가 속잎을 틔우지 못하면 어쩌죠?

그런 리가 있나요
새봄엔 바람만 마셔도 배부르던데
이유가 있나요?

활짝 웃으며 '여러분, 사랑합니다!' 해 보세요
두 팔 벌려 '아이쿠, 이게 얼마만이신가!' 하며 안아보세요
저만치 도망가던 행복이 유유유하며 U턴 하지 않던가요?

배상록 시인

상주시 및 서울소방재난본부 근무
녹조근정훈장 수훈
문학고을 시 부문 등단
현, 공무원연금문학회 편집(사무)국장
이메일 : yahrisu4108@naver.com

## 불가사리 외2편

서어진

최초의 생명은 아마도
저 먼 우주
저 멀리 별에서 왔다.

최초의 생명은 아마도
저 깊은 물
저 차가운 바다에서 왔다.

그 사실 다들 잊을까 봐
오늘도 바다에서 별 하나
반짝거린다.

# 부메랑

휙이 내던졌다.
어디로 갈지는
내 알 바 아니었다.

본래 내 것이 아니니
어떻게든 되겠지 싶은 마음으로
그냥 그렇게
쉽게 내던졌다.

그리고
그것은

기어이
바람을 타고
냄새를 따라
다시 돌아왔다.

돌아온 이유는
아마도 그럴 것이다.
너를 부끄럽게 하기 위함이다.
나에게 기회를 주기 위함이다.

# 외계인

자 생각해보자

나는 우주인이다.
다른 사람들과 다른 외모에
다른 성격에, 다른 말을 쓰는

나는 우주인이다.
서로 이해하지 못해
어딜가나 배척당하는

나는 외계인이다.
매일 밤 야경을 보며
내가 살던 그 은하 어디쯤을 생각하며
그리워하는

나는 외계인이다.
사람들과 섞이지 못한채
이곳에 유배되어버린

틀림없이

나는
하나의 지구 방문자다.

서어진 시인

1994년 12월 출생
우신고등학교 졸업
수원대학교 졸업
문학고을 신인 문학상 수상
문학고을 등단 시 부문

## 옛정의 찻집 외2편

성용군

그리운 추억
옛 님 문득 생각나
추억 속 그 길을 걸어봅니다

옛 그리운 님 찾아서
따스한 봄볕 같은
옅은 미소 그리워하며
그대가 거닐던 회상하며
그 길을 걸어봅니다

당신이 주고간 추억 속 편지
당신의 하트와 클로버 들어 있는
옛 손글씨 편지 열어 봅니다

사랑이란 두 글자 단어가
왠지 모르게 낯설지 않는
추억 속 옛 님 그리움에
눈물이 납니다
행복한 눈물이 나옵니다

## 詩를 사랑하는 소년 소녀여

왜 ~외로운
詩人을 택하셨나요
꿈을 먹는 소년처럼
순수한 마음으로
사랑의 詩를 써보렵니다

왜 ~고독한
詩人을 택하셨나요
혹시 누가 물어 본다면
꿈 많은 소녀처럼
포근한 사랑의 어머니를 찾아
방랑의 詩를 써보렵니다

## 추우(가을비)

노도(도로) 위 물을 뿌리며
묵은 때 묵은 상념을
씻어 내리 듯
가을 비가 내린다

봄 여름 초록의 옷을 입고
제 멋을 부리던
초목들도 붉게 타들어가는
석양 산 기슭에 노을빛
질투하듯 가을 비가 내린다

누렇게 물들인 황금들
배추 무 알타리 연한
몸을 감싸안으며
추위를 떨며 긴긴 밤을
지새우며 따스한
여명을 기다린다

성용군 시인

64년 서울 출생
일출 문학회 입문(의정부)
한국문인협회 의정부시지부 이사
수상 및 공저
문학고을 시선집 외 다수
의정부시 한국문인협회 백일장
천상에 그리운 임
문학고을 신인문학상 수상
문학고을 시 부문 등단
문학고을 우수작가상 수상
문학고을 최우수 작가상 수상
문학고을 자문위원
현) 문학고을 경기지부 부지부장

# 시간 외 2편

신기순

눈물을 감추려
고개를 들어보니 하늘
숙이고 보니 땅

더도 덜도 말고
손톱만큼만 슬퍼하자

사랑에 힘든
삶에 아픈 내색 않고

보고 듣지 않아도
지나가고 있다 시간은

## 벚꽃 사랑

하얀 꽃잎 환하게 웃는데
봄비가 시샘하여

꽃잎은 눈 내리는 듯
다 떨어지네

연둣빛 여린 잎새
살며시 고개를 내밀어
사랑을 기다리고

보내는 아쉬움
설레는 기다림

아 ~~
벚꽃 사랑

## 은행잎

연두색 아기손 귀여운 잎새에
생기 넣어 주던 봄 햇살
진초록 잎새 되어
눈과 마음을 정화시켜 주더니

노란 단풍 뒤에 숨어
황금 주머니 주렁주렁 열렸네
탱글탱글한 은행은
한 해의 결실인가

어느새 찬바람이
길 잃은 집시처럼
뒹굴고 밟히며
인생의 사계절을
은행잎이 보여주네

**신기순 시인, 수필가**

한국방통대 가정학과 졸업
한국방통대 행정학과 졸업
MBC 여성시대 2회 당선
고양시 백석동
바르게 살기 협의회장
원주여성문학인회 회원
문학고을 신인문학상 수상
문학고을 등단 시 부문
문학고을 등단 수필 부문
(2024년 제65회 1차 공모)
문학고을 최우수작가상 수상
청목문학상 (삭가내상) 수상
전) 문학고을 강원지부장
현) 문학고을 부회장

# 반추 외 2편

신현경

세월이 오고가고
이렇게 겨울이 한 편으로
한쪽으로 비켜서면
봄은 이리도 더디오는가

그러하듯 기다림 속에
세월은 숨어버리고
무심한듯 반추하며
추억은 멈추지 않는다

살아온 날들을
고뇌 속에 묻어두고
다시 삶으로 뛰어든다

# 설경

눈 덮힌 마음의 고향 인제
밤부엉이 외로워서 울을 제
설경이 스며든다

전설처럼 들어온 처녀
부끄러워 장독 뒤에 숨고
우직한 동네 총각
담장 너머로 훔쳐보고

나의 부모님의
수줍은 첫 만남

# 단풍

쉽게 잊혀질 이름
단풍은 서럽다

봄에는 파란 미소로 오네
여름에 태양을 품고
가을바람은 속절없이 머무네
겨울이 오기도 전에

나무 아래 추억을 남기던 사람도
등을 돌려 가던 님도
다 어디로 갔는지

내년에도 다시 오겠지
그리운 님도 다시 보겠지

### 신현경 시인

1965년 강릉 출생
강원대학교 심리학과 졸업
보육교사 7년
현) 요양보호사 근무
중랑문학에 시 1편 실림
문학고을 신인 문학상 수상
문학고을 등단 시 부문
문학고을 최우수작가상
공저
문학고을 시선집 다수

## 새로 쓴 편지 외2편

양희범

낙서 위에 편지가 새로 쓰인다
서러운 마음을 꾹꾹 눌러 담아 임께 전한다

수줍게 전하되 세로로 읽어야만 한다고 말했다
하지만 임은 가로되 세로를 모른다고 했다

바로 쓰인 글자들이 가엾게 가로누웠다
보고 있다, 전해지지 못한 말들이 방 안에 갇혀 서로 눈치만
야밤에 잠 못 든 벙어리들의 합창이 우리를 바로 눕지 못
하게 한다

보잘것없이 눌러진 마음이 줄에 묶인 노예처럼 말이 없다
고통스럽게도 어쩌면 너는 새로 몰라 앓아누운 건지도 모
르겠다
파랗게 물든 밤하늘이 새벽을 알리면, 꿈은 꿈처럼 쉽게
이뤄질 수 없다는 걸

좋은 사람은 꼭 좋은 사랑은 아니기에
아로새긴 글자처럼 가엾게 가로누워서
해가 떠도 잠들지 못한 채로 펜을 집고는 또다시

써 내려갈 테다

잘린 글자의 여백 사이로
가로로도, 세로로도 누울 수 없는 마음이 남아
요감搖撼하지 못한 채 봉투에 우표처럼 매달려 있다
님이기 전에 너이기에 결국 편지는 전달될 수 없나 보다

## 슈뢰딩거의 고양이 보은

정류장에서 서서 버스를 기다렸다
죽음을 눈치채지 못했다는 건 아직 삶을 잘 모르는 까닭일 테니

태어남을 축복하기 위해 우리는 생일을 기념하는데,
너는 왜 울고 있는 걸까

정류장에서 생일 선물을 받았다
기다리던 버스 대신
고양이는 수줍게 인사하며 상자를 건넸다
검은 상자를

상자 안의 무언가가 요동쳤고
버스를 기다리던 나는,

검은 상자 안에 무엇이 있습니까

검은 상자 안에는 무엇이 들었는지도 모르는데
약속이나 한 것처럼 선물이라고 말했다
생일이니까

검은 상자 안에 담겨있는 케이크
검은 케이크 위로 새빨간 딸기가 기적처럼

고양이의 호의를 가늠할 수 있겠니
상자를 열어야 확인할 수 있겠지, 고양이처럼

버스가 정류장으로 들어오기 시작한다
상자의 운명이 정해지는 순간

검은 상자는 보은입니까

버스가 정류장에 다다르면 버스를 타겠지, 숙명처럼

생일 축하해
버스가 떠나기 전까지
믿기로 하자
버스에 타서 고양이를 떠날 때까지

상자 안의 호의가 음식물 쓰레기통에 버려질 확률은

# 스카이베이

기억하나요 당신, 하늘에 가장 가까운 곳에 살고 싶다던 당신이 호수로 간 날, 그날을 아직 잊지 못하고 있습니다 둘이 페달을 밟아 나가던 자전거에 혼자 앉아 페달을 밟고 있자니 돌아가는 노란 바람개비가 오늘따라 처량해 보입니다 그곳이 하늘이었을까요 호수에 비친 하늘에 홀려버렸던 걸까요 해 질 녘 호수처럼 이렇게 물들 줄 알았다면 전 당신을 사랑하지 않았을 겁니다 하늘에도 바다가 흐르나요, 그곳에도 세파를 이기지 못해 고립되어 버린 호수가 있나요 별들이 그곳에 머물며 쉬어가고 있나요 궁금한 게 많지만, 그 무엇도 답해주지 않기에 저는 오늘도 경포대 앉아 호수를 바라봅니다 보고 싶습니다 쓸데없는 말인 줄 알면서도 하고 마는 말에 온기가 담겨 여름밤에도 입김을 만듭니다 그렇게 그 한숨들이 모여 하늘에 물줄기를 이뤘다면 그 등쌀에 못 이겨 한 번쯤 꿈에라도 나오셨으면 합니다 호수에 비친 하늘이라도 하늘일 테니 그곳에 당신이 있겠죠 가까이서 당신을 맞이하기에

저는 너무도 여립니다 오늘 밤 세상 속의 만(灣)이 되어 혼자서 잠이 들 테니 못 이기는 척 찾아오시기를 바랍니다

양희범 시인

원광대학교 원불교학 학사
원광대학교 문예창작 복수 전공
원불교 대학원 대학교 석사
〈수상〉
소태산 문학상 우수상(시 부문)
'백일홍 붉게 번지는 날'
소태산 문학상 우수상(소설 부문)
'돌아오지 못할 연꽃'
문학고을 등단 시 부문

## 만약 내가 외 2편

오주현

만약 내가 인간이라면
벨이 울리고 둘러싼 관중 속에서
일어날 것이다
날아오는 주먹을 피하며
코너로 몰려 다운이 임박할 때쯤
종료 벨이 울린다

패배자는 그날
버스벤치에 앉아 맥주를 한 캔 따고
마지막 버스를 기다린다

취기가 무르익을 때쯤
만약 내가 아이언맨이라면
야근중인 빌딩숲을 날아올라
고속 비행할 것이다

전당포에 착지한 뒤 슈트를 팔고
손 넣으면 금화가 나오는
외투로 교환할 것이다

## 구부러진 관들이 오르는 길

하늘 위 누운 빌딩 창에서 콸콸 물이 쏟아졌고
케이블도 축 떨어졌다
전기 뱀장어가 헤엄치며 사라졌고
검은 물과 높은 전류가 덮치자 앞이 보이지 않았다
꿈이었다

세면실 문을 여니 팔딱이는 실뱀장어가 배수구에 보였고
배수구망 교체를 위해 외출한다

땅에 입고된 물품 목록
숨구멍 통해 흐르는 생활하수가 들리는 맨홀 1
하수구 구멍 사이에 들어간 부서진 낙엽 2
뒷골목 하수구에 갇힌 발로 끈 담배꽁초 3

퍼즐 맞춰진 길바닥에 깔린 삼각 사각 타일따라 걷자
극장가 앞 핸드프린팅이 보였고 손을 맞추어 넣는다

지하에 연결된 통로로 올라가 보면 만나는 현장 인부들
맨홀 구멍 안으로 환풍기 돌리고 산소측정기 목에 걸고
작업 중이다

담배꽁초와 낙엽과 생활하수가 흐르는 관 아래를 지난
케이블을 빌딩 속으로 밀어넣는다

3 2 1 GO 버튼을 누르자
전기선 안의 전류가 달려 송전탑까지 올라가고
주방에서 연결된 은색 배기구 두 줄이 아코디언처럼 늘어나
나란히 건물을 타고 오른다

## 수인된 시간 동안

LP판이 돌자 거꾸로 흘러가는 시간
시든 장밋빛 드레스를 입은 여가수의
살아보지 못한 시대의 노래가 들린다

기억상실의 회복 대신 알 수 없는 뭉클함이
퍼져 나온다

암색소가 담긴 씨앗
쇠사슬로 이어진 증식된 세포들
푸르스름하게 변하는 쓰러진 손바닥

유리관 안에 전시된 낙엽이 보는
전시실의 청명한 하늘
거인 머리 같은 뭉게구름이 들여다본다

계절 변화가 골목 구석구석 닿았을 때
파스텔 계단에 떨어진 낙엽

암이 선고된 축복 시간 동안만
다른 세계에서 온 시간의 구름을 보고
전시 기간만 세를 내고 살다 간다

오주현 시인

동서대학 호텔경영학 졸업
문학고을 신인문학상 수상
문학고을 등단 시 부문

## 코스모스 외 2편

**오향숙**

코스모스 하늘하늘
푸른 하늘 위로
나래치는 마음

코스모스 살랑살랑
요리 봐도 조리 봐도
하나같이 예쁜 녀석들

코스모스 소곤소곤
수려 강산 세콤달콤
황금물결 출렁이네

코스모스 방실방실
우리 모두 싱글벙글
오손도손 행복하자

## 바람같은 친구

바람처럼 쫓아다니고
바람처럼 나타나서
바람처럼 싱글거리던 그대

바람처럼 따라다니고
바람처럼 다가와서
친구처럼 머물던 그대

이제 사라졌는가
불러도 나타나지 않는 바람아
그대를 바람으로 알았고
친구라 기억하리니

내 죽어 바람이 되거든
바람이 되어 만나자
보고픈 친구여!

## 단풍잎

공작의 깃털처럼
화려하게 변신하여
밝게 명랑하게
세상과 이별한다

봄 햇살 먹고 피어나
뜨거운 햇볕 막아 주고
비바람 막아 주고
안전에 기여하더니

한 해를 잘 살았노라
맡은 바 임무 다했노라
잘 있어라 잘 가겠노라
가슴을 울리고 간다.

### 오향숙 시인

71년 충남 아산 출생
시학과 시 신인문학상 수상
시학과 시 등단 시 부문
시학과 시 정회원
프랑스 파이아트 컬렉션
시 부문 우수작가상 수상
공저
문학고을 시선집
시집 『그리움을 넘어』 1집

## 엄마의 냄새 외 2편

이군호

해질녘
고갯마루를 넘어오신다.

온종일 공장에서
마른오징어 껍질을 벗기고선
어린 삼남매에 대한 걱정 가득 안고
걸음을 재촉하며 넘어오신다.
마음은 저만큼 앞서 내달린다

고갯마루만 올려다보던
삼남매가 달려간다 마침내
'엄마' 소리치며 달려가 안긴다.
퀴퀴한 오징어 냄새가 난다
엄마에게선.

지금도 간혹
마른오징어 냄새가 코끝에 닿을 적이면
새삼 엄마 품에 안긴 듯하다.
다시금 코흘리개로 돌아간다

## 아! 아버지

초승달을 타고
하늘에 오르셔서
이제 막 내리셨나 보다
그 곁에 별 하나가 유독 밝다.

밤하늘 뭇별들 속
속세에서 함께 했던 인연들 만나시어
혼자가 아니시길
외롭지 않으시길,

올려다보는 소자의 가슴엔
저 달마냥
그리움이 차오르고 기울기를 반복할 테죠

오늘밤엔 차오르다 못해
어느 사이엔가 주르륵
넘쳐흐릅니다
아! 아버지

## 검정 고무줄


오일장 장터 노점에서
겨우 손에 넣은 검정 고무줄,
설탕과 버무린 매실을 쏟아붓고
공기 통하는 한지 한 장 덮어
단지 아가리를 검정 고무줄로 묶어 봉한다.
그걸로 돌려 묶어야 개미들이 침범치 못한다는
아내의 당부를 이행하려니
불현듯, 고무줄 끊으며 훼방놓던 어릴 적이

학교 앞 문방구 처마에
치렁치렁 머릿다발같이 걸려있던 검정 고무줄,
서너 줄 사서 길게 이어
고무줄놀이를 한다. 가시내들이
'기찻길 옆 오막살이 아기 아기 잘도 잔다 칙 폭 칙칙 폭폭 ~'
노래를 부르며
차례차례 발로 걸어 밟고 돌아 나가며
콧잔등엔 송골송골 땀이 맺힌다

고무줄은 술래 아이들 무릎에 걸려있다가
다시 허리에 걸렸다가

다시 가슴까지 올라가고
마침내 고무줄은 머리 위까지 올라간다.
가시내들의 맨발은 그마저도 걸어 내리기를 잘도 한다.
해가 넘어가는 줄도 모르고
엄마가 부르는 줄도 모르고

그 언저리서,
말타기 비석치기 구슬치기 딱지따먹기 오징어놀이…
또, 한참 인기가 높았던 권투며 레슬링이며
함께 뒹굴고 코피도 터졌던
어릴 적 내 친구들
모두들 어디 있는가?
잘들 지내는가?

새삼, 소환하고 싶은 날이다.

이군호 시인

1961년 4월 출생,
부산고등학교 졸업,
부산대 국어국문학과 졸업,
성광여자고등학교 국어 교사로 근무,
명예퇴직
문학고을 신인 문학상 수상
문학고을 등단 시 부문

## 텃밭 정원사 외 2편

이성계

꽃이야 피고지던 말던
아랑곳 하지 않았죠

매미소리 뜨겁던 그 계절에도
어머니의 호밋날은
온 밭고랑과 이랑 사이를
사각거리며 누볐겠지요

팔십 평생 야무지게 움켜쥔
그 거칠고 작은 손은
올해도 어김없이
그 숭고한 임무를 완수합니다

이 계절
텃밭 앞 이 벤치에 앉아
하늘 멍 한번 해봅니다

높푸른 하늘엔 흰구름이
구름은 참 무심하게도 지나갑니다

그리고, 그 하늘 아래
세상 어디에도 없을
호미 한 자루로 피워낸
정원보다 더 예쁜
어머니의 텃밭을 봅니다

## 소주 한잔의 의미

소주나 한잔 합시다.
당신과 친해지고 싶다는 말입니다.
술잔을 기울이며
깊이 사귀고 싶다는 말입니다.

당신에게 할 말이 있다는 뜻입니다
속마음을 털어놓고
이야기하고 싶단 뜻입니다.

당신이 반갑다는 말입니다.
오랫만에 만나
기분 좋단 말입니다.

보잘것없는 소주 한잔에
서로의 의미를 따라 마시며
오래오래 기억하자는 것입니다.

오늘 누군가와
소주 한잔 할까 합니다.

## 벤치의 숙명

기다림이 나에겐 숙명입니다
헤어짐도 나의 운명입니다

그저 머물러 가심에 감사할 뿐입니다.

서지도 못하고 눕지도 못하는
타고난 운명이라서
앉은 채로 누군가를 맞이하고
또 그를 보냅니다

모두들 뒷모습으로 왔다
뒷모습으로 떠나갑니다

하지만 남겨진 온기마저도
은혜로 여기며
또 다시 누군가를 기다립니다

이성계 시인

한국방통대 행정학과 졸업(행정학사)
한국방통대 국어국문학과 2년(중퇴)
93년부터 지방공무원 재직중
문학고을 신인문학상 수상
문학고을 등단 시 부문

# 환생 외 2편

이세종

그는 이제 나에게 멀리 있지 않다.
누우면 같이 자고
밥 먹으면 앉아서 지켜본다.

밤 기차를 타고 여행길에 올랐다.
유리 창문에서 그와 마주쳤다.
'나다.'

초췌해진 나에게 손을 건네며
어릴 적 아버지의 술잔에
막걸리를 채워 나에게 주었다.

잠들며 그를 따라 기차는
간이역을 지나 종착역인
내세來世를 향해 달린다.

## 할퀴고 간 심장에서

먹는 것도 잊어 가고
숨도 쉬어지지 않고
머리는 온통 어둠 속을 걷는다.

부어 튼 입술이 갈라지고
비릿한 선혈이
혀끝에서 말라 간다.

잠을 청해도
도무지 잠이 오지 않는다.
한참이 지났을까

조각배 한 척이
물안개를 제치고 밀려와
그녀 태우고 한탄강을 건너자

비로소 할퀴고 간 심장에서
선혈이 흘렀다.

## 들풀이 기다리는 언덕

들풀이 바람에 흔들리는 날에
뒷동산 언덕에 올라가 있게
들풀이 연주하는
가냘픈 선율을 들으려면
뒷동산 언덕에 올라가 앉아 있게

들풀이 비에 젖어 슬퍼하는 날에
뒷동신 언덕에 가지 말게나
들풀이 괴로워하는
서글픈 아리아가 들리거든
뒷동산 언덕을 등지고 내려오게나

나 그대에게 들풀에 망고 한 인생을
들키고 싶지 않네

이세종 시인

군장대학교 사회복지학 겸임교수
원광대학교 자율전공학부 교.강사
익산장애인권익문제연구소 대표이사
사단법인 새해밀 센터장
2023년 문학고을 시 부문 신인문학상 수상 및 등단
2023년 영광21신문사 불갑산상사화축제 입선
문학고을 9,12,13,14 선집 출품
문학고을 2024년 11월 우수작가상 수상

# 상경 외 2편

이재우

겨울밤 찬바람이 볼을 때려도
소년은 고개 한번 돌리지 않았다
가난한 과거에는
미련도 낭만도 남아있지 않았다

밤새 숨 가쁘게 흐르는
불안한 차창들
미래가 보이지 않는
유령 같은 어두움

새벽 기차역에는
석탄 더미가 벽처럼 서 있었고
뚝방 판자촌에는
낯선 미로가 텃새를 부리고 있었다

소년은 꿈이 무엇인지 모른다
정의가 무엇인지도 모른다
시장통에서 공사판에서
하루 생존을 위해 달릴 뿐

그렇게
어디든
사람은 살아진다

## 마당 있는 집

지나가는 이웃이 울며 기어와
큰 슬픔을 한 바구니 내려놓았다
부엌 뒤 우물가에서
무슨 일이 있었는지
콩알처럼 작아진 슬픔을 들고
뛰어서 돌아갔다

지나가는 이웃이 웃으며 뛰어와
큰 기쁨을 조금 열어 보였다
둘러선 평상에서
무슨 일이 있었는지
온 마을에 기쁨이 활활
타오르고 있었다

## 가을은 홀로여도 좋으리

가을은
홀로여도 좋으리

고개 떨구고
오솔길
홀로 걸어도 좋으리

걸으며
근원을 사유하면 좋으리

낙엽들에 대해서
가야 할 길에 대해서
생의 시간에 대해서
생각하면서

겸손해져서
돌아오면 좋으리

이재우 시인

1954 제천 출생
건국대학교 법학과 졸업
국회사무처
문학고을 등단 시 부문
블로그 영원한 동행 (네이버)
시나고그TV 비블로스낭독(유투브)

## 사랑의 계절 외 2편

이정열

노랑 물감 누가 부었다
은행나무들이
민들레처럼 노란 꽃을 피웠네

바람결에 흩날리는
내 백발은 누가 와서
한 올 한 올 색을 입혔나

봄부터 두견새 울음으로
온 밤을 지새이던 단풍나무
잎마다 잎마다
붉은 멍 들었구나

푸른 무대 야물게 다져진
명상곡 연주하는
구름은 하얀 오케스트라
고읍게 잘 익은 열매를 사랑한다

온갖 환희도 슬픔도
색색으로 물들일

충만히 내리는 대기는
은혜

사랑의 계절이여!

## 첫눈


이름 모를
작은 새 한 마리
이 가지 저 가지 옮겨 다니며
낙설을 즐긴다

간밤 첫눈으로 찾아온
풍성히 내린 폭설
저 새는 불면의 밤을
보냈나 보다

이별할 낙엽 애모하며
새야 새는
낙엽 위에 피운 눈꽃
꺾어내고 있구나

## 새털구름과 지평선

저 지붕 위에 걸타앉아
태양 숨은 새털구름 보면
대륙 평원의 노곤함이
조각조각 내린다

하나 다를 것 없는 사람살이도
말이 달라 다 다른 것 같아
바벨탑의 대사였던 걸…
파랑새 한 마리 같이 놀잔다

뛰는 심장은 바쁜데

마음 한편이 지붕 위에 앉았다
지평선으로 가는 미루나무숲은
어항 속 금붕어처럼 미련을 뿜어낸다

저녁 먹으라는데
금배추 덕에 우리네 식당에서 먹던
낯익은 중국 김치가 차려지려나
지평선이 시베리아 횡단 열차처럼 가네

이정열 시인

44년 남해 출생
문학고을 신인작품상 수상
문학고을 등단 시 부문
청목문학상 (작가대상)수상
현) 문학고을 수석고문
첫 시집
「길섶에 핀 풀꽃처럼」 출간

# 천천히 외2편

이현숙

보도블럭에 걸려 무릎 다치지 않기를
욕조에서 미끄러져 발목 깁스하지 않기를
침대에서 떨어져 고관절 다치지 않기를
쿠션 밟아 새끼발가락 부러지지 않기를
인도에서 자전거와 부딪치지 않기를
눈 바닥에서 넘어지지 않기를
모두 모두 친천히 다치지 않기를

## 요리하는 사람들

새벽을 뜯어 먹는다
걸음걸음 아침을 볶아내고
무르익지 않은 햇살을 바라보며
걷기 시작한다

편의점 봉투를 잘라내는 직장인
책가방 메고 튀기는 우리의 미래들
스카프 날리며
옷깃의 맛을 데코 하는 아가씨
붉은 얼굴을 전 부치는 시간이면
아침을 시작하는 탕을 끓여 낸다

어떤 양념을 넣을지는 모르겠다
된장찌개를 닮은 구수한 얘기를 하고
고추장으로 비벼낸 유머와 함께
이야기 냄새를
토크로 담아낸다
편하게 먹는 오뎅 국물에도
하루를 다시 담아 보낸다

## 붉은계절

어디로 가는지
거북이걸음을 재촉한다
호랑이 눈, 악어 눈을 뜨고
앞으로 나간다
푸른 옷은 사라지고
길가 가로수 은행나무 아저씨들
단풍나무 아주머니들
색동옷을 입고서
계절을 뒤쫓아가며
여운을 떨군다

낙엽과 함께
바람에 가을을 태워 보낸다
떨어진 소나무의 가족들과
밤송이 껍질, 도토리는
아낙의 편의 의자로 뭉개지고
다람쥐와 청설모의 먹이만 남겨질뿐

누렇게 변해가는 한 해는
동면하러 들어간 동물과 함께

그리움과 아쉬움으로 채워지는데

흰눈이 쌓인 새날에
산돼지 발자국만 남겨지고
복수초 꽃은 살포시 얼굴을 내밀지만
붉은 바람은
다시 계절을 데려온다

이현숙 시인

1960년 서울출생
김포 문예대학 문예창작과정
제22기 졸업
문학고을 신인문학상 수상
문학고을 등단 시 부문
문학고을 최우수작가상 수상
현) 문학고을 자문위원

## 돌아보는 계절 외 2편

이홍재

가을이 오고서야
여름이 떠나간 걸 알았다
바쁜 일 없이
바쁘게 살다 보니

계절의 끝과 시작을
구분 못하는 어리석음에
여름을 배웅 못하고
준비 없이 얼떨결에
마중하는 가을

질긴 무더위 잦은 소나기
상처 남기고 먹구름 따라
가버린 여름

지나온 계절
힘들었던 시간도 웃으며
이야기할 수 있기에
마음에 담는다

그저 보낸 여름꽃
마른 꽃잎에서
남아있는 향기를
찾을 수 있다면…

## 그냥 지나칠 수 없어서

어제에 떠밀린 발자국들이
수없이 지나쳤을
보도블록 작은 틈새
이름 모를 작은 들풀
꽃이 피었다

탐스럽지도
곱지도 않은 모습에
오가는 사람들
눈길 주는 이 없네

새싹 피어나던 꿈
밟히고 꺾이어
서지 못하고 옆으로 기며
일어서려 안간힘 쓰다
깊어진 상처

내일을 쫓아가는 발걸음
위태롭게 스치면
가슴 졸이며 눈 감는 기도

가슴 따듯한 사람들
조심히 비껴가 준
감사한 발걸음

넓은 베란다
붉은 꽃 부러워 않고
고단한 삶 포기 모른 채
할 일 나 해온 들풀,
작은 상처에 아파하고
크지 않은 실패에도
주저앉아 울던 나
변명만 길어진
부끄러운 시간들

그냥 지나칠 수 없어
속삭이듯
너 참 장하구나

## 그 맘이 내 맘인 양

퇴근길
무심히 지나치던
손님 없던 가게
빈 테이블 보며
도움 안 되는 걱정하던 곳
출입문에 써 붙인
폐업이란 글자

시작보다 힘든 포기
개업이 희망 속에 용기 필요했듯
폐업은 절망 속에
작은 소망마저 내려놓는 것
두 글자 쓰기 위해
티 냄도 부끄러워
너털웃음에 감춘 사연

남들 구설수에
운이 따르지 않았다고
변명이라도
해주고 싶은 마음

희망이 등 돌릴 때
두려운 건
준비 안 된 내일
주위의 비웃음
자기 부족함으로
받아들인다 해도
믿고 있던 가족에게
이유나 변명
찾을 수는 있을는지

때가 되었다고
배고픔 느껴 먹고 있는
이 라면 한 그릇
소화는 되려나

이홍재 시인

1960년생
논산시 양촌면 출생
논산고등학교 졸업.
2023 코리아 둘레길 신춘문예
시부문 우수상 수상
문학고을 신인문학상 수상
문학고을 등단 시 부문

# 통영 가는 길 외 2편

임성환

눈이 시리도록 파아란 하늘
해조음 그윽한 바닷가 언덕
포말로 부서지는 그리움을 따라
통영 가는 길가
소금기 가득한 바닷바람에
붉게 상기된 배롱나무
줄 지어 섰다

햇빛 가루로 쏟아져 내리고
가물거리는 추억 한 가락
성애 낀 차창에 긴 선을 그린다

텅 빈 가슴 깊은 곳으로
사념의 파도 애잔하게 밀려오고
오랜 세월 숨겨둔 조각난 이야기들
머얼리 수평선 뒤로 띄워 보낸다

아침 물안개 속을 걸어
이슬 가득한 선착장에 이르니
물길 여는 갈매기 떼 지어 날고

흐르는 세월을 유영하는
푸른 물고기 떼
무수한 기포로 떠오른다

바다를 향해 비워낸 마음
바람보다 가볍다

## 경춘가도를 지나며

웅크린 잿빛 하늘에
비바람 지나고
길가 가로등 위
홀로 앉은 철새 한 마리
지친 날개를 턴다

차창 밖을 떠도는 추억들
소리 없이 회색의 강을 건너
빈 가슴에 번지고
흐르다 흐르다 잊혀지는
저 강물처럼
쓸쓸함에 눈시린 우수憂愁
비마저 조용히 내리는
북한강 줄기를 따라
속절없이 흐른다

습기 가득한 풍경 안고
홍천 가는 길
휘굽은 세월의 길
눈물처럼 비가 내린다

## 겨울밤의 기도

별빛 가루로 부서지는
서리찬 겨울밤
창턱을 헤매는
길 잃은 달빛 조각들
아스라한 마음 한가득
두 손으로 고이 담아
촛불로 밝힌다

애상의 꽃잎 틔우는
간절한 기도
앙천仰天의 꿈 세워
하늘로 하늘로 향하고
어둠 저편 어딘가에서
하얀 비둘기 하나
흔들리는 달빛을
차고 오르면

영혼만이 깃을 세운 시간
여물지 못한 기도 소리
짙은 어둠을 털어내며
홀로 밤길을 나선다

**임성환林聖桓 시인**

홍익대학교 및 동대학원 졸업
단국대학교 대학원 수료
제일에이젠시 대표
나이스 프린트 닷컴 COO
홍익대학교 외래교수
인천대학교 겸임교수
가천대학교 겸임교수
현 한국디자인트렌드학회 자문
문학고을 신인문학상 수상
문학고을 등단 시 부문

## 남당항 대하 외2편

전용석

훗입맛이 감칠맛이라는
남당항 대하 먹으러 갔다가

눈시울 뜨끈해져
노을만 등에 지고 돌아서 왔네

종일토록 호미 들고
일하느라 허리 굽은 울 엄니

밭 너머 바닷바람 맞으면서
갯벌까지 아예 나가셨네

## 아들 면菀을 위하여

아들아, 보거라.

울돌목의 물소리가 편해지는, 신안군 안편도安便島의 새벽. 파르스름한 꿈속에서 나는 낭떠러지 언덕을 지나다 낙마하여 냇물에 빠져 죽겠구나 생각한 순간, 내 아들 면菀아, 너의 손이 나를 감싸 주었으니 내 몸은 숨을 되찾았다. 아산에 남겨진 가족들 걱정에 자리끼를 단숨에 들이켰다.

정유년(1597년) 10월 14일, 꿈자리가 뒤숭숭했던 날. 저녁 즈음에 집안 편지가 도착했다. 너의 형 열이 겉면에 쓴 '통곡痛哭' 두 글자가 뼈와 살로 먼저 전해져 온몸이 덜덜 떨렸고, 글자를 읽어가는 나의 두 눈에 간과 쓸개가 떨어져 나갔다.

하늘이 어찌 이렇게도 불량스럽다는 말인가. 스물한 살 꽃봉오리는 먼지 떨어지고, 신세 산 시든 꽃은 아직 남았는가. 하늘이 무심하다는 말이 틀리지 않았구나. 내 아들 면菀아, 나를 버리고 어디로 갔느냐.

눈빛이 맑고 행동이 담대하여 네 남달리 영특하다 자랑한 것을 하늘이 시기한 것이더냐. 나의 산하를 침노한 왜구들 베어 죽이고 수장시킨 나의 죄가 하 그리 컸다더냐.

화火가 골수에 닿은 내가 하늘에 맹세컨대, 내 세상에 살아 있어도 산 것이 아니오, 너를 앗아간 바다 건너 원수들을 살려 둔다면 내 숨결 내 스스로 틀어막으리라. 위로는 나랏님과 아래로는 상것들에 이르기까지 그 모든 죗값을 물어 피로써 받아낼지니, 이 땅을 더럽힌 왜구들 다시 고향에 가지 못하리라. 내가 지새우는 긴 밤에 저들도 불면의 깊은 밤이 될 것이다.

피비린내 머금은 바닷바람 차가울지라도 배를 띄우리라. 시퍼런 바닷물에 살고 싶다는 욕망도 버리고, 나아가리라. 죽고자 하면 살 것이고 살고자 하면 죽을 것이니, 긴 칼을 들어 어그러진 이치理致를 도륙하고, 내 아들 면葂을 만나러 가겠노라.

소리를 뺀 울음이, 소금 창고 넘어 노량露梁으로 이어진, 바닷가를 핥고 있다.

## 영평사의 불, 꽃

결가부좌結跏趺坐하는 어둠에
빼어난 향 올리는 구절초 펼쳐놓고
오천오백 소망 다복다복 담아
연달아 줄에 건

낙화봉落火棒에 피우는 불꽃들
봉 아래 피어나는 꽃불들
낙화落火요 낙화落化이다

잘 되고자, 치열했던
가져보고자, 끈적했던
이루어야겠다, 혹독했던
드날리고 싶어, 뜨거웠던
겁, 것들
탁, 탁, 타닥, 탁, 탁 태우는
두 줄기 외로 꼰 낙화봉

꽃실이 뽑아내는 불티에
고갱이로 남은 마음도 태워졌나
영평사 낙화놀이
불꽃에 달조차 환하네

### 전용석 시인

교육자 (1987년-2018년)
경계선지능아동지도 센터 파견교사
 (2020년-2022년)
반나절 농부 (2017년-2023년 현재)
이메일 : winyong@hanmail.net
문학고을 신인 문학상 수상
문학고을 등단 시 부문
현) 문학고을 충청부지부장
현) 문학고을 자문위원

## 사랑방 외2편

전인숙

울타리가 없었던 시골
문간방 하나를 사랑방으로 내어 놓았던
질화로 같은 은근한 정이 머문 곳

누구나 머물다 갈 수 있는 사랑방
가마솥에 군불을 지펴
구들장을 덮여 놓았던 어머니

아랫목 화롯불
토닥토닥 불꽃에 고구마가 익어가고
등잔불 온기 방안을 가득 채운다

창살문에 비치는 어스름한 달빛
청춘의 이야기가 식을 줄 몰랐던
추억의 사랑방 카페

## 풀피리

호숫가 산책로 물오른 버드나무
호두기를 만들어 소리를 내어 보라

뿌우우 뿌우우
풀피리에서
고향의 개울물 흐르는 소리가 들린다

물방개 소금쟁이 잡는다며
비 내리는 날
텀벙텀벙 개울물 헤집던 철없던 그 시절

아카시아 줄기로 손톱을 칠하면
윤기가 나던 손톱
아름다움을 알아가던 그 시절

엄마가 부르는 소리
동네가 떠나가도
고무줄놀이에 땅거미 지는 줄 몰라
한바탕 혼이 나던 그 시절

달빛에
그리움 한 자락이 생각나는 한여름 밤
추억을 물들이듯
봉숭아 꽃물에 정서를 물들인다.

## 분꽃 앞에서

먹물 한 방울 떨군 하늘빛
하루 종일 꼭 다물었던 입술을 열고
하나둘 피어나기 시작하는 분꽃

뜨락의 분꽃 앞에 앉아 있는 나
두터운 듯 은은한 하얀 분꽃에서
엄마 살냄새가 난다
그리운 울 엄마

우리가 결혼하던 특별한 날에만
분단장했던 엄마
보고 싶은 울 엄마
분꽃에서 울 엄마 분 냄새가 난다

하얀 분꽃
흰 모시 적삼 곱게 차려입은
고운 엄마의 모습을 보는 듯

볼 수도 없고 만져볼 수도 없는
분꽃 앞에 서서 엄마의 냄새를 맡으며
엄마를 기억합니다

전인숙 수필가

시 낭송 전문가
뉴들문학 동인 회원
고운소리 낭송 회원
2023년 서울시 지하철 공모전 당선
문학고을 신인문학상 수상
문학고을 등단 수필 부문(2023)

## 그 겨울밤 얘기 외 2편

전제준

탄성과 환희 싱글벙글
살다가 보면 우연찮은 기쁜 일
연거푸 생길 때가 있다

수십 개 송이버섯 만났을 때
그 기분 경험하지 않고는
누군가 모르고 지나간 장소에서

산다는 게 살만한 게
오르고 내리고 롤러코스터
우연찮게 홈런 홀인원 있다는 게

무심코 촬영한 사진 한 장
명작이라 칭찬 받았을 때
기러기떼 비행기는 줄지어 날고

억지로 되는 일 있을까
살다가 보면
늘 순리대로 된다는 진리

가까이에 찾은 찾아온
마스코트 로망 심벌
아끼고 사랑해야지 더 많이

## 돌멩이 하나

일의 시작과 끝
코끝 찡한 감동 울림

시작이 반
헛된 말 아니었어

먼 앞 지레짐작 말아요
조금씩 하다가 보면

해와 달 별
24시 온누리를 비춘 것 아니며

앞이 캄캄할 때
더욱 빛났던 영광을

누군가는 그냥 개똥벌레
누군가는 희망의 빛 반딧불이

흔한 풀 나무 돌멩이 하나
똑같은 것은 없으니까

그래서 더 소중한 거야
이 넓은 우주에 하나뿐인 존재

너와 나 우리는
푸른 별 지구촌 가족

내가 소중한 만큼
넌 고귀한 빛

어둠을 밝히는 등대
길잡이 이정표

## 생각은 인생

비가 오면 오롯이
휴일인 사람

집어삼킬 듯 일렁이는 변덕
변함없는 보석 金, 진리

성장과 노화가
피할 수 없는 숙명이라면

부정보다는 긍정을
마법 감사, 무한리필 에너지

억지로라도 웃음꽃 피워요
행복이 살 수 있게

사는 게 고생이라는 사람
그저 살아 있어 행복한 사람

해, 달, 별 뜨고 지는 겁니다
하루가 가고 이틀이 가고

전제준 시인

문학고을 등단 정회원 고문
사진가, 영주시 자연 소백산 풍광
귀농 농업인, 소백산 자연인 농원
한국철도, 역근무 21년 명예퇴직

# 그해 겨울 외 2편

## 정동혁

외진 산자락에 위치한 학교.
매일 언덕을 오르내린다.

답답한 교복 후크를 풀고
교실 창밖을 내다보노라면
턱 고인 팔을 툭 치듯
다람쥐가 휙 나무 위로 지나간다.

농구를 하면 키 커질까
운동장에 흙먼지 일으키며
우정을 쌓아온 고교 친구들

겨울바람이 귓불을 스치던 새벽
밤새 화투치다 끼니를 거른 친구들
장위동에서 길음 시장 모퉁이 식당을 향해
걷다 뛰다를 반복한다.

밤새 내린 눈이 얼지 않을까 걱정하며
만두를 빚어놓은 친구 어머니

불 꺼진 허름한 식당
이불의 온기를 느끼며 만둣국을 먹는다.

꽃이 피는 계절에
다시 그 만둣국을 먹을 수가 없었다.
친구도 연락이 닿지 않았다.

그해 겨울은 따뜻했었다.

# 눈이 오면

눈이 펑펑 내리면
훌쩍 떠나
아무도 밟지 않은
하얀 눈밭을
뽀드득 뽀드득 걸어가고 싶다.

그 길 뒤돌아보며
내리는 눈이
발자국을 지울 때까지
바라보다 다시 걷는다.

저 멀리 보이는
자그만 선술집에서
막걸리 한 잔 기울이며
눈 속에 시 한 편 숨긴다.

되돌아가는 기차는 끊기고

## 선택적 비애悲哀

달동네를 벗어나기 위해
결혼 적령기임에도 불구하고 리비아를 갔다.

아주 옛날에 밀림이었다던 사하라 사막,
다국적 일꾼들이 모여
옥토를 만들기 위한 대수로공사*가 절정이다.

몇 년째 휴기를 잊은 방글라 친구,
가족들은 집을 사고 윤택한 생활을 한다고
자랑스럽게 말하는 몸짓에 눈물이 고여 있다.

늙어가는 필리핀 엔지니어,
잦은 실수로 모욕을 당해도
눈만 껌벅거리며 고개를 숙인다.

뜨거운 햇볕에 피부는 노화되고,
석회물에 치아는 썩어간다.

사막은 술과 돼지고기를 주지 않았다.

---
* 내수로공사: 리비아 사막지대의 내륙으로부터 물을 지중해 연안으로 송수하여 사막을 옥토화 시키는 공사

어쩔 수 없는 선택에
우린 점점 닮아가고 있다.

동트는 새벽,
고된 짐을 진 낙타를 타고
모래사막 속 화석을 찾아 나선다.
사막 여우가 흘깃하며 휙 지나간다.

달동네 하늘 위 비행기를 보며
눈물 흘리시던 어머니,
치아가 썩은 늙은 개를 안고
젊은 그때, 탈출을 위한 선택이었음을

정동혁 시인

경기도 안성
인천대학교 기계공학과 졸업
前) 동아건설산업(주) 재직
前) 대우건설(주) 재직
現) 보성파워텍(주) 상무이사
2024 문학고을 시 부문 등단
2024 세계문학예술 수필 부문 등단

〈수상〉
 2024 문학고을 시 부문 신인문학상
 2024 세계문학예술작가협회 수필 부문 신인문학상

〈공저〉
문학고을 선집 제14집 여름
문학고을 종합문예지 청목 제15호
세계문학예술 여름 통권9호

## 가을밤의 하모니 외 2편

조문일

풀섶에 숨어
무리지어 우는
너희들의 곡조가 애달프다.

찌르르 뚜루르르
가을밤의 오케스트라
달님 별님도
눈감고 음미하네.

어둠은 소리 없이 내려 앉고
가로등 불빛이
시간에 맞춰 보초를 서는 밤

리듬에 맞춰 춤을 추듯
한 걸음 또 한 걸음
바람을 느끼며
깊은 숨을 들이 마시며
화음을 넣어본다.

# 아니다


너의 잘못이 아니다.
한숨도 눈물도
그러니 찌그러진 깡통이 되지 말아라.

너의 탓이 아니다.
가난도 움켜쥔 주먹도
그러니 더 이상 고개 숙이지 말아라.

터널 끝에 광명이
비 온 뒤에 무지개가
겨울 지나 꽃 피는 봄 오듯

부정 곱하기 부정이 강한 긍정이요
실패 곱하기 실패가 성공이듯

너의 뜰에도 언젠가
너만의 별이 뜰 것이기에.

# 화담숲

파아란 하늘
가을 뽐내고
숲은 물들어 오색옷 갈아입고
패션쇼를 연다.

계곡 따라 흐르는 물줄기
넓고 깊은 바다로
흘러가겠지만
내 마음 둘 곳 없어
가을 숲을 헤맨다.

청송靑松은
저마다의 자태를 드러내고
하늘 향해 뻗은 자작나무
그 키를 자랑하네.

조물주의 솜씨라고 밖에
표현할 수 없는 모양
장관壯觀이다.

멋과 기품을 갖고 싶다.
눈부신 햇살처럼
빛나고 싶다.

북풍 몰아치는 겨울 오면
초췌한 모습으로 남겠지만
지금 이 가을의 주인공은
너희들이다.

조문일 시인

77년 경남 창녕
금오공업고등학교 졸업
문학 고을 신인 작품상 수상
문학 고을 시 부문 등단
문학 고을 자문위원
전) 문학고을 대구경북지부장

## 푸른 등꽃 외 2편

조영예

어르신은 왜 저러실까
동네가 조용한 날이 없다

봄만 되면 별별 사람들이 와서 시끄럽게 한다며
전기톱을 들이대던 동네 어르신의 고함소리
노인정이 붙잡자 잠시 숨 죽인다.

아침이면 어김없이 딸랑거리는 두부 상사 종소리
전기톱 가는 소리 숨기는 그늘 밑의 주인
그에게 틈이란 없다
잘라버리겠다고 들이대는 상처
날아가는 바람 앞에 돌처럼 보낸 시간들

몽글몽글 등꽃의 연보랏빛 젊은 시절
어르신의 어린 세월을 불러낸다
소심한 정 앞에 굳은 시멘트가 갈라지고 미세한
틈새로 방앗간 깨 볶는 냄새로 피우던 신혼 일기

탯줄을 끊어 내듯 꽃 피워내는 돌 틈 사이 인생
톱을 든 어르신의 얼굴이 디미는 고난

10분의 휴식
달려 나오며 당장 잘라 버리겠다고 고함치신다
동네 어머니들의 훈계에 등나무는 자란다

어둠 속에 감춘 집주인의 칼날 같은 발톱을 먹고
어린아이 업어 키운 등나무 어르신을 보고 웃고 있다.

봄은 얼른 도망간다

## 입꼬리를 올려봐


커피가 나를 당기는 오후 2시
달달한 믹스가 유혹하지만 먼저 내려앉은 원두가
컵 속에 빠져 입술과 마주하고 있다

가벼운 스트레스는 몸을 긴장하게 한다
그들은 콩을 로스팅하듯 볶아대는 말들과 말, 말
화가 날 때 몸은 카페인을 부른다

늦은 오후면 이면지에 이것저것을 가득 그려 넣는다.
냄새나는 것도 있고 보기 싫은 것도 있다
PET 컵을 크게 그려 그림을 넣고 단숨에 들이킨다.
속이 탈 것 같지만 물 대신 시원하다

불가마 같은 열기에 대여섯 번 들락거리다 보면
반복된 시간이 모양을 갖춘 나를 만든다
볶고 볶여 가루를 만들면 내 손에 만들어지는 고운 향기
향기를 들이키는 입술을 줄 세우는 검은 갈망

자유롭게 시공간을 초월하는 검은 가루는 감정도 산다
두통이 오는 서류 뭉치나 배고픔도 달래주는 생크림 듬뿍

친 검은 마술
여기 저기서 스며드는 카페인
쓰거나 달거나 무조건 손뼉치며 흡입하는 가루

지금 중독을 들이킨다

# 논두렁

못줄에 잡힌 아버지의 하루가
아침을 놓았다
논두렁에 걸린 해는
논에 심은 아버지의 하루를
긴 의자에 앉도록
먼 산 뒤에 숨고
물소리 새소리
의자 위에 앉은 아버지
뜨거운 해도 쉰다

조영예 시인

이화건설 대표
배꽃작은도서관 이사
문학고을호남지부 사무국장
문학고을 신인문학상 수상
문학고을 등단 시 부문
공저
문학고을 시선집 다수
『소곤거리는 위로』 저자

# 다소니 외 2편

## 지서희

해오름 달 나흘, 우리는 우연히
새벽에 마주치게 되어 첫눈에 반했다.

그는 나에게 조금만 시간을 달라고 했다.
네가 너무 소중한 나머지 그 긴 시간을 참겠다며
해맑게 웃어 보였다.

누리 달, 아주 잠시 네가 사진을 보내왔다.
나를 너무 사랑한다고, 너를 향해 가고 있다고,
나는 그저 끄덕였다.

타오름 달, 네가 보고 싶어서
잠도, 밥도, 걷지도 못했다.
네가 너무 그립다. 곧 만날 수 있다고 되뇌었다.

열매 달, 다짜고짜 10시에 그가 만나자고 한다.
너무 신이나 제일 예쁜 초록색 원피스를 입어야겠다.
나를 한눈에 알아보겠지?

저 – 밑에서 뛰어오는 것 같았다.

우렁찬 목소리로 나의 품을 끌어안으며 이야기했다.
'고생했어 엄마, 안녕?'

## 강의 소리


물 밑에서 서성인다.
발끝으로 물을 건드려본다.
찰랑거리는 소리

그 소리가 좋았다.

요동치던 물결이 허리춤까지
차올랐을 때는
물결이 잦아들었다.

그 고요함이 좋았다.

가만히 눈을 감는다.

그 물결이 적연부동이 되어버렸다.

## 쇳 물

어둠에 자욱한 자리

흰구름처럼 가득 묻은 먼지를 털며

 가슴 한 켠 찢겨나간 곳으로

이름 석자가 흘러 나왔다.

.
.

영원의 텅빈 소리와 함께

진득한 쇳물만이 흘러내렸다.

### 지서희 시인

포천고등학교 문과 졸업
아동학 학사 취득
장애영유아를 위한 보육교사 자격 취득
前) 시립장애 전담 어린이집 근무
前) 시립어린이집 근무
문학고을 신인문학상 수상
문학고을 등단 시 부문
공저
문학고을 '종합문예지 청목' 제16호

## 소중한 만남 외 2편

최근용

수없이 스쳐 지나가는 인연 속에서
이렇게 인연이 되어
당신을 만났다는 것은
너무나 행운이 아닐 수 없습니다

지금은 당신을 만날 수 있고
당신을 기다릴 수 있으며
당신과 함께 할 수 있기에
나는 너무나 행복한 사람입니다

앞으로도 좋은 인연으로
당신과 영원히 함께 하고 싶습니다

# 거울

매일매일 내 얼굴 마주하는 거울아
화장을 할 때나
옷매무새를 가다듬을 때
식사 후에도
너는 항상 내 곁에 있구나

그리 잘생긴 것도 아닌데
거울은 왜 이리 자주 보게 되는지
오늘도 거울 몇 번 보다 보니
퇴근 시간이 다 되었네

## 사랑의 떡국

가래떡 써는 소리 탁탁탁
지단 부치는 소리 두둑두둑
야채 써는 소리 퉁탕퉁탕

보글보글 끓여 고명 얹어 내어주신
어머니의 사랑의 떡국

한 살 더 먹게 되는 나이 수만큼
부모님께 더 효도해야지

최근용 시인

강원 횡성 출생
삼성전자 근무
기독교 방송 근무
우리 무역 대표
현 지역난방공사 용인 지사 근무
문학고을 신인문학상 수상
문학고을 등단 시 부문
공저
문학고을 시선집 다수

# 안녕 외 2편

## 최중희

안녕
입술을 깨물으며
그대 눈이 젖지 않게
밝게 안녕

안녕
나를 잊지 말아요를 숨기며
돌아서는 발길
가볍게 안녕

안녕
다시는 보지 말자는 듯
머리카락 귀 뒤로 넘기면서
손 흔들며 안녕

안녕이란 단어를
가슴에서 몰아내고 싶어
하늘 보며
안녕이여 안녕

# Hi

이날만을 기다렸는데
작은 목소리
오직 한 말은
Hi

숨이 목까지 차오를 때까지
뛰어왔는데
기껏 숨 고르며
Hi

심장의 소리가
여름 빗줄기보다 세찼건만
당신 곁을 지나치며 살포시
Hi

Hi hi hi
여러 명의 소리에
내 말이 묻힐까 봐
높게 하— —— 이

나 그대 곁에 없더라도
메아리로 퍼지도록
산 어름 어디에서
Hi hi hi

## 그리움의 노래

제가 어찌
그대에게 가겠습니까

아파트 철책 쪽문에 붙은
마그네틱 카드가 없는 것 같이
내가 당신 마음을 헤집을
비밀번호조차 없는 걸

제가 감히
그대의 가슴을 열 수 있겠습니까

굳게 닫힌 도시의 창호를
밀어 밀어
내 손등 다 터져라고 밀어도
견고한 프레임 흠집조차 안 나는 것을

그래서 제가
오늘이 되서 깨닫기를
정 가득한 노래라도
고히고히 불러

시끄러운 소음 안에서
정신없는 그대
혹시 어느 결에 들린 낯익은 목소리
수상히 여겨 귀 기울이길 바라며

어느 날
나도 너만큼 그리워했노라고
말할 때까지
낮게 읊조리고

바람결에 실린
가녀린 흔들림에 흔들려
당신이 바라볼 순간을 위해
오직 그리고 또 그리겠습니다

최중희 시인

1960년 서울생
연세대학교 대학원 졸업
삼성파로스호텔 주식회사 부대표
문학고을 신인문학상 수상
문학고을 시 부문 등단
공저- 문학고을 시선집 다수

## 늦가을 맞이 외 2편

최해영

찬바람 뿜어내는 오늘
기울어져 가는 가을의
아쉬움 흘려보낸 채
싱둥한 정취 맛보면서
절친한 친구와 더불어
가중차제에서 벗어나서

콩닥거리는 들뜬 설렘으로
왜 그런지 모르는 나 자신
넌지시 닥친 초원에 드러난
이곳저곳 흩뿌려진 가을빛에
송목과 홍엽이 아우러지며
봄가을 어우러진 감성에서

알로록달로록한 색으로 다듬은
산뜻산뜻한 정경에 사로잡혀
살그머니 사려에 빠지는 사이
산길 걷는 우릴 기껍게 안아 준
대자연 속에서의 자연림에 안겨
소박한 서정적 정서 담으면서

자연의 산수 그린 그림 보듯
내 눈앞에 다가온 시원림 숲은
아득한 옛적 숨결 들려오는 듯이
빽빽한 무림 속 수지 잎마다
물기 푹 머금게 한 눈부신 이슬로
약동감 넘치도록 맑은 생기 느껴

## 회한悔恨

봄철 되어 꽃 활짝 다 펴
예쁜 맵시로 자꾸 뽐내며
곱디고움 과시하였지마는

안꽃뚜껑 하나 둘 떨어져
어느 틈에 벌서로 여름철
새파란 수엽 짙게 팔라당

한동안 늘 푸르른 청춘이
줄곧 오래 이어질 것으로
순간 오인해 오류 저질러

어느새 춘하추동 낙엽 져
흉한 스산한 가지로 남아
이제는 목엽 떨어진 신세

이제 탄식하면 무슨 소용
앞으로 돌이키는 일 없게
감회 없는 그날그날 위해

## 선자령 설경

대관령 갓머리 차지한 산봉우리
등산로 곳곳 퍼져서 드러난 설광
감탄할 정도의 아름다움 그 자체
대관령 목장의 나무도 꽁꽁 얼어
마치 겨울 왕국에 다다른 것 같아

등산로 오르며 멋진 설색 이끌려
세차게 부는 바람 방패질하면서
숲길 따라 대관령에서 선자령까지
완만한 산등백이 오르며 산행하니
손발 시려도 견딜 수 있을 것 같아

차가운 눈바람 맞으며 휘청거리지만
산마루 오르며 마주친 눈꽃과 상고대가
목전에 펼쳐지는 아주 놀랍고도 장대한
선자령의 백미는 산들의 파노라마이니
선자령 설경의 황홀함에 빠질 것 같아

최해영 시인 〈아호 慧穎〉

시인, 시조시인
서울대학교 공로직원(전 선임행정관)
중·고등학교 및 평생교육원 출강
교육학석사, 청소년지도사, 한국어교원 외
문학고을 신인문학상 수상
문학고을 등단 시부문
제2회 디카단시조문학상
(강원시조시인협회) 수상
강원시조시인협회 등단 디카시조부문
문학고을 최우수작가상 수상
제3회 청목문학상(작가대상) 수상
한국소설창작연구회 회원
(사)한국문인협회(춘천지부) 회원
강원시조시인협회 부회장
문학고을 수석고문

시집 및 공저
『베푼 사랑의 미소』 및 「시선십」 다수

# 황혼 외 2편

한순남

어차피 혼자갈 인생인 줄 알면서도
인생의 폭풍우가 몰아치면
가끔은 어디엔가 마음 편히 기대어 울고 싶을 때
해질녘이면 엄마손 붙잡고
집으로 돌아가야 하는 아이같은 인생일지라도
내일 또 만나자고 말할 수 있는 친구가 그립다.

비바람에 우산조차 막지 못한 비를
가만히 함께 맞아주던 든든했던 나무들이
하나둘 이 땅에 사라져가는 나이가 되니
텅빈 듯한 가슴 한켠 허전함에
우연히 지나가던 길가 낯선 고목 앞에서도
내가 가끔 울고 있다.

## 순례자

소망의 수레에
기도의 보따리를 싣고
당신을 바라보며 걷다가
고단했던 순례의 길
힘겨워 묶었던 보따리를
잠시 풀어봅니다.

요술처럼 그 보따리가
아늑한 베개가 되어
지친 내 삶에 쉼을 주면
눈물 가득한 보따리
다시 묶어 수레에 싣고
당신께로 갑니다.

## 빨래 건조대의 눈물

빨래 건조대 나사를 조이다
볼트가 한 개 떨어졌다.
다시 주워 끼워보다가
문득 더 이상 여분의 건조대가
필요치 않다는 걸 깨달았다.

둥지의 아기 새들은
어른 되어 독립하고
가끔 멋을 부리던 남편도
점점 집돌이가 되어
언제부터인가 세탁할 옷이 몇 개 없다.

미니 건조대 두 개를 옆으로 치워두고
붙박이 건조대는 골다공증 생겨
1cm 작아진 내 키에 맞춰 낮추면서
어른 된 아기 새들 보고 싶어
어느새 건조대도 나도 울고 있었다.

그래도 감사하고 행복하다.
잘 자라준 내 아기 새들 고맙고 또 고맙다.

잘 키워낸 나도 수고했다.
그래서 뿌듯하고 감격해서
또 울보가 된다.

한순남 (恩茣; 은서) 시인

1969년 경북 경주 출생
경성대학교(전공:오르간, 부전공:플룻&성악)
한국어린이선교원신학교(보육선교학과), 신학원(몬테쏘리학과)
방송통신대학(교육학과전공)
기독교통신음악대학(오르간전공)
전) 음악학원 강사, 미술속셈학원 강사, 교회유치부 설교&지도교사
현) 평화교회 오르간 반주자&찬양지도
(주)서광에어텍 이사, 저탄소산업개발신문 기자(부산&경남 취재본부장)
보육교사 1급, 커피바리스타 1급
문학고을 신인 문학상 수상
문학고을 등단 시부문
문학고을 최우수작가상 수상
문학고을 자문위원
〈저서〉
문학고을 7, 9, 11, 12, 13, 14, 15 선집(공저)

문학고을수필선 01   문학고을수필선 02

문학고을동시선 01

문학고을시세이 01   문학고을시세이 02   문학고을시세이 03

신작동시

김 효 주

## 책상 속 종이 쪽지 외2편

김효주

교과서 꺼내다
툭
하고 떨어진

공책 귀퉁이 급히 찢어
두 번 접은
쪽지

뭐지
열어봤더니
지만 옳다
우기던 얼굴 떠올라

얼른 구겨
보란 듯이
휴지통에
툭

시비걸 땐 언제고
왜 그렇게 풀 죽었냐

축 쳐진 너의 어깨
맘이 안 좋다

편지를 버린 건 너무 했나

쪽지 속 마음이
슬며시 따라온다

아깐 내가 미안했어

## 구멍 난 장구

방학 숙제
뭐 했어
시끌벅적 개학 날

옆자리
뒷자리
친구 작품 감상하다

경민이 장구에
구멍을 내버렸다

빨리 가져와
니 것도
구멍내야지

미… 미안해…

됐고, 야, 얼른 가져와

검사받으려면 멀었는데

어떡하지

귀한 사발면
사 먹고 만든
내 소중한 추억

아무리 사과해도
받아주지 않고

시간 날 때마다
수업 시간마다
개미 같은 소리로 자꾸 보채니
내 줄 수밖에

숙제 검사하다 구멍 보고
부르신 담임쌤
경민이 이름 나오니
그냥 넘어가신다

구멍은 장구에 났는데
왜
내 맘이 아린 걸까

## 마법주전자

바구니 가득
꼬불꼬불 라면 같은 실이

가스레인지 위에 놓인
주전자로 들어간다

주둥이에서
살짝 열린
뚜껑으로 나오는 실

천천히 당기며
엄마 하시는 말씀

주전자를 통과하면
구부러진 실이
처음처럼 살아나지

새 실처럼
다시 시작할 수 있어

토라진 맘 넣으면
펴주는
주전자는 없나

눈 흘기던 예진이
혼자 집에 간 지영이랑도

뽀송하고
가볍고
즐거워질 수 있게

김효주 시인

경력 약 12년의 전직 초등교사
브런치스토리 작가 (2020년~)
자유를 찾아가는 글쓰기 프로그램 운영(2021년~)
이화여자대학교 일반대학원 영재교육협동과정(석사) 재학 중
대구 수창청춘맨숀 공공예술 프로젝트 레지던시 입주 예술가(2024)
문학고을 신인문학상 수상
문학고을 등단 동시 부문

공저

문학고을 『종합문예지 청목』 15선집

# 신작수필

강영란
권명자
권후선
남기선
박소현
박정규
박정순
신경희
유경선
이민영
이상학
이정자
이필수
이현진
정안나

## 오이부추무침

강영란

    2012년 3월, 우리 가족은 전남 곡성으로 이사했다. 목포시 근무 연한인 8년이 차서 내신을 내야 했는데, 때마침 그해 광주교대 석사 과정에 입학하게 되어 광주에서 제일 가까우면서 전근할 수 있는 지역인 곡성으로 내신을 내었고 발령을 받게 되었다.
    남편은 20대부터 40대 중반인 그때까지 자동차 정비에 몸담고 있었는데 무릎이 나빠져 계속하기에는 부담이 된다며 이참에 다른 일을 찾아보고 싶다고 했다. 새로운 일을 찾는 일은 쉽지 않았지만, 섬세한 손재주가 있는 남편에게 어울리는 일을 찾다 전혀 생각지 못한 떡과 인연이 닿게 되었다.
    서울에 가서 한 달여 기술을 전수하고 10여 평 되는 가게를 얻어 5월 말 오픈을 했다. 손으로 하나씩 예쁘게 포장하는 방법은 그 지역에는 흔치 않아 반응이 좋았다. 날로 주문은 늘었지만, 집에서 밥 한 번 해보지 않은 남편에게는 힘든 연단의 시간이 되었다. 손도 느리고 의도한 대로 떡이 나오지 않아 낙간한 일도 여러 번 겪었다. 나와 중학생 딸은 쉬는 날이면 떡 포장이나 설거지를 돕기도 했지만, 평일에는 남편 홀로 일했기에 주문이 많을 때면 한두 시간 자고 꼬박 일에 매달리기도 했다.

그렇게 고군분투하다 보니 어느덧 여름이 되었다. 여름은 떡집엔 비수기임을 뚝 떨어진 주문으로 실감했다. 따뜻하게 먹는 떡은 호떡이나 붕어빵처럼 여름에는 자연스럽게 멀어지는 음식이다. 여름에도 사람들이 좋아할 만한 떡이며 음료를 곁들여 계절을 타지 않은 영업을 하는 곳도 많지만, 떡 만드는 일도 손에 익지 않은 남편에게 그 정도까지 대비하는 것은 무리였다.

여름 방학엔 계절제 대학원에 다녀 방학이라고 많은 시간 도울 수 있는 상황은 아니었지만, 에어컨도 시원하게 틀지 않고 파리만 날리는 가게를 지키는 남편이 안쓰러워 밤샘하는 일이라도 들어오면 얼마나 좋을까 생각했다.

방학의 끝자락인 8월 중순쯤, 대학원도 종강하고 집에 있게 된 어느 날, 입맛을 돋우는 '오이부추무침'을 점심때 준비하기로 했다. 남편 가게는 집에서 걸어서 3분 정도 거리에 있었기에 혼자 있을 때도 보통 집에 와서 점심을 해결했다.

우선 친정어머니가 싸준 마늘을 꺼내 껍질을 벗겼다. 건들기만 해도 쑥 벗겨지는 껍질이 엄마의 마음처럼 느껴져서 한참 엄마 생각을 했다.

오이를 소금으로 문질러 껍질을 벗기고 나니 벌써 한시, 듬성듬성 껍질 벗은 오이에 소금을 뿌리려는데, "쿵

퉁 사르르~".

　미니 플라스틱 절구통과 절굿공이가 바닥으로 곤두박질치고 마늘은 파도처럼 흩어졌다. 순간 그때까지 잘 버티고 있던 내 마음마저 요동을 쳤다. 바닥에서 마늘을 찾아 모으며 자꾸 흔들거리는 내 마음을 다독여야 했다.

　부추를 씻고 마늘 다지기가 끝나자, 남편이 들어왔다.

　기다려야 하는 남편에게 미안하기도 해서 오전에 마트에서 사 온 블루베리 요거트를 스푼과 함께 건넸다. 상차릴 동안 들고 있으라고 하자 남편은 약간 불편한 감정을 드러냈다.

　"아직 준비 안 되었네? 좀 있다 오라고 하지 그랬어요."

　"오전에… 뭐 했어요?"

　"오늘은 주문이 없어 쉬었어. 할 일이 없으니까 정말 심심한데."

　"그럼, 집에 와서 쉬지 그랬어요."

　"그래도 혹시 모르게. 그 사이 손님이 올지…."

　시어머니의 고추장, 친정어머니의 고춧가루와 통깨, 선물로 받은 매실즙, 우리 설탕과 간장, 마트에서 산 양파와 오이, 부추가 하나가 되었다. 무침 하나에도 이처럼 많은 재료와 사랑이 들어가야 하는데 사람 사는 일이야 오죽하겠는가.

　오이와 부추와 양파를 모아 입에 넣으니 맵고 짜고 달고 시고 고소하고 얼얼했다. 남편에게도 한 입 넣어주니 얼굴이 환해지며 달콤해졌다.
 "이 호사를 누릴 날도 얼마 안 남아서 어쩌나."
 아쉬움이 묻어나는 남편의 말에 내 마음도 살포시 피어났다.

강영란 시인, 수필가

순천대 영어교육과
목포대 대학원 석사(국어교육),
광주교육대 대학원 석사(초등국어교육)
교육부장관 표창(2019년)
광주대 문예창작학과 박사 졸업
현) 초등학교 교사
제4회 청목문학상(동시 부문) 수상.

# 살아 보니 사랑이었네

권명자

아스라한 기억을 더듬어 추억의 그림자를 밟아가며 구름의 뒤를 따르다 보니 잊지 못 할 30여 년 전 일이 불현듯 뇌리를 스치운다.

나는 20대 초반에 명동성당에서 세례 성사를 받고, 마데 데레사 수녀님께서 창시하셨던 사랑의 선교회에서 다른 자매님들과 노숙자들을 위해 식사 준비와 설거지를 하였다. 한편, 형제님들은 거동이 불편하신 분들의 목욕 도우미, 대소변 처리와 세탁물을 손 빨래하는 봉사를 하였다. 그런 모습들을 유심히 지켜보던 노숙자가 계셨는데 마태오 할아버지라는 분이셨다. 지금은 기억이 아물아물한데······.

아마 자식이 있는데 자식과 같이 살지 않다 보니 서울역 노숙자로 지내시다가 여기로 들어오신 거 같았다. 아무튼 젊은 남녀가 평일에도 열심히 선교회에 와서 이야기도 하고 밥도 먹고 가는 것이 좋아 보였는지, 한 형제에게 전화번호를 주면서 전화를 해보라고 하였다는데 어찌어찌해서 그 형제가 지금의 남편이 되었다.

사실 남편은 다둘 형제만 있는 가정의 막내아들로 부

모님의 사랑을 듬뿍 받았고, 태어날 때부터 심신이 허약한 나는 본의 아니게 부모님의 과도한 사랑과 관심을 독차지하며 성장하다 보니 서로의 다름을 인정하는 것은 그리 쉽지 않았다.

또한, 신혼 초기에 말단 공무원이던 남편은 대학원에 입학을 하다 보니 경제적으로 녹록지 않은 열악한 환경에서 유일한 나의 취미인 사진 촬영하는 것도 소리 없이 내려놓을 수밖에 없었다. 사진 촬영할 때 필요한 모든 기자재 등은 골방에 처박아두었다. 행여나 나의 병이 도져 올까 봐…….

나는 결혼 후에도 다니던 직장을 계속 다니며 남편이 학업에 충실할 수 있도록 맞벌이를 하다 보니 조금 늦은 나이에 첫 딸을 낳았다. 나는 선천적으로 그렇게 몸이 건강하지 못해서 더 이상 자녀를 갖는 것을 원하지 않았지만, 그래도 대를 이을 아이를 낳아야 한다는 시부모님의 독촉, 욕심으로 아들을 낳아야 한다는 강박관념에 사로잡혔다. 그러다 보니 나는 내가 믿는 하느님께 아들을 주시면 좋겠다고 기도를 하였다.

그러던 어느 날 서울의 ○○대학병원에서 둘째 아들을 출산하던 중 난산으로 나는 생사의 갈림길에서 헤매었었다. 3~4시간이 지난 뒤 의식이 회복되었을 때 담당 교수님은 '엄마가 돌아가신 줄 알았어요.' 하시면서 위로하였지만, 아들을 낳은 기쁨을 만끽할 여유도 없이 난산의 후유증으로 허리와 목 디스크의 통증이 나를 짓누르곤

하였다. 어린 아이들과 당신의 아들이 걱정되어 수시로 찾아오시는 시부모님 때문에 혹시라도 내가 스트레스 받지 않을까 걱정하던 남편은 아무 연고도 없는 남쪽지방으로 파견 근무 지원을 하여 이사를 가게 되었다.

평소에 한 번도 가보지 않았던 도시가 너무나 생소하고 적응하기 힘들었고, 두 아이의 엄마로서, 한 남자의 아내로써 역할을 제대로 할 수가 없었다.

그러한 영향인지는 잘 모르겠지만 갑자기 물 밀려오듯 우울함이 나를 찾아왔다.

아무것도 할 수 없는 아내를 지켜보며 속이 새까맣게 타들어가던 남편은 결혼 전에 했던 봉사의 경험으로 아이들의 기저귀 손빨래와 집안 일을 도맡아 하면서 때로는 출근도 못하고 홀아비처럼 아이들과 놀이터에서 함께 모래 장난을 하곤하였다. 이러한 남편의 사랑과 관심 속에 모든 어려움을 이겨낼 수 있었고, 건강도 점차적으로 회복되는 것을 체험할 수 있었다.

불행하게도 10여 년 전에 남편에게 위암과 급성 담낭염이 갑자기 찾아왔을 때 아무것도 할 수 없었던 나에게는 청천벽력 같은 심정이었다.

늘 비위처럼 자신의 자리에서 책임을 다하던 남편이었기에 절망감은 이루 말할 수가 없었다.

천만다행으로 위암 제거 시술과 담낭 제거 수술을 통해 남편은 다시 건강을 회복할 수 있었다.

어쩌면 우리 부부는 다사다난했던 일들을 통해 서로에

게 빈자리의 소중함을 느끼면서 여물어 가는 사랑을 확인할 수 있었다.

나는 예순이 되어서 작년에 가톨릭 교리신학원 신학심화과정에 수강하기 위해 이른 아침부터 대중교통을 3~4번 환승하며 다니면서 많은 묵상을 하게 되었다.

모든 것이 지극히 당연한 줄만 알았던 일상들에 더욱 감사함을 깨달았고, 가장으로서 가족들을 위해 비가 오나 눈이 오나 기쁠 때나 슬플 때나 어김없는 남편의 노고를 마음 깊이 헤아릴 수 있는 은총의 시간이었다.

강산이 세 번 변할 정도 삶의 여정에서 동고동락하면서 어쩌면 우리는 더 철저하게 쪼개지고 부서지며 서로에게 밥이 되어가는 것 같다.

올 한 해는 남편과 나에게 특별히 부여받은 안식년의 시간을 보내다 보니 평소에 어렴풋이 알았던 남편 안에 숨겨진 많은 보물들을 발견하게 되었다.

오로지 나라와 가족만을 바라보며, 33년을 훌륭하게 공직 생활을 하다가 명예로운 퇴직을 하는 남편에게 깊은 감사를 보낸다.

아울러 저장해 두었던 지혜를 하느님께서 발탁해 주시니 무한한 감사를 드립니다.

권명자 수필가

2014년 가톨릭 교리신학원 졸업
2024년 가톨릭 교리신학원
신학 심화과정 수료 선교사
문학고을 신인문학상 수상
문학고을 등단 수필 부문

# 엄마와 과일나무

권후선

　남편과 마을 주위를 산책하던 중 재개발을 마치고 입주하는 아파트 앞을 지나가게 되었다. 아파트는 새로 지어져서 엄청 깔끔하고 고급스러웠다. 특히 정문에 자리 잡은 소나무는 아파트의 고급스러운 품격을 그대로 보여주는 듯 위풍당당했다. 조경에 관심 많은 남편은 멋있는 소나무를 보면서 감탄하며 내게 물었다.
　"저런 소나무 한 그루는 얼마 할 것 같아?"
　"글쎄, 천만 원 정도?"
　나는 나름 생각나는 최대치의 값을 불렀다. 그런데 남편은 "아마 억대는 할 걸. 와! 멋있다. 우리 집 마당에다 저런 소나무 한 그루 딱 심으면 좋겠는데…"
　하지만 난 멋있는 소나무를 심고 싶지 않다. 만약 신이 나에게 "너의 마당에 멋진 소나무를 심어줄까?" 하고 묻는다면 나는 "싫습니다." 할 것이다. 은은한 솔 향기, 가호가 느껴지는 각진 껍질, 멋있게 휘어진 가지, 많지도 적지도 않은 적당한 나뭇잎, 사철 푸른 의기 당당함. 어느 하나 나무랄 때 없는데 왜 싫을까? 곰곰이 생각해 보았다.
　우리 동네 뒷산에는 넓은 소나무 숲이 있다. 그래서 엄마는 해마다 겨울이면 소나무 갈비를 끌어 땔감으로 사용하셨다. 엄마는 우리가 학교를 다녀오면 갈비 끌러 가자며 우리를 데리고 가셨다. 어린 우리를 데려가면 심심하지도 않으셨을 뿐더러 혹시나 산 주인이 시찰 올 땐 엄청난 보탬이 되었다. 그리고 끌어 담은 자루를 산 아래에 밀 때도 작은 힘이지만 숫자에서 참 쓸모가 있었다.

갈비는 소나무와 참나무에서만 얻을 수 있다. 우리 동네에선 소나무 갈비를 끌었는데 참나무가 많은 동네에선 참나무 갈비를 끌어 땔감으로 사용한다. 나무는 음수림과 양수림이 있는데 음수림에 대표적인 나무가 소나무와 참나무다. 음수림은 음지에서 자라면서 잘 자라다가 본인이 숲의 최상위 포식자가 되면 아래에 다른 나무가 자라지 못하게 한다. 그 결과 갈비를 긁어모을 수 있는 환경이 된 것이다. 어디서 읽은 기억이 있다. '다른 나무에 자리를 내어주지 않는 소나무의 습성이 사군자에 들어가지 못하는 이유이지 않을까?' 하는 것을.

남편은 요즘 텃밭 가꾸는데 흠뻑 빠져 있다. 텃밭에는 어릴 적 추억이 담겨있는 산딸기, 앵두, 오디, 자두, 복숭아, 포도, 배, 대추, 감나무가 심겨 있다. 남편이 나름의 계획을 짜서 봄, 여름, 가을 계절별로 즐길 수 있도록 심은 것이다. 그 재미가, 그 맛이 어찌나 좋은지 모르겠다. 바로 따서 먹는 그 맛은 먹어 보지 않고는 그 기분을 모를 것이다. 남편의 수고로움 덕분에 계절마다 내 입이 즐겁고 마음이 즐겁다.

나는 과일나무가 참 좋다. 예쁜 꽃이 펴서 눈이 호강하고, 은은한 향기가 바람에 날려 코가 신나고, 열매가 커 가는 것을 보면서 마음이 행복하고, 열매를 수확해서 맛있게 먹으니 입이 즐겁다. 거기다 가을엔 단풍으로 눈 호강을 덤으로 보탠다. 이 모든 걸 내게 주는 과일나무가 참 좋다. 만약 신이 "너의 마당에 멋진 소나무를 심어 줄까?" 하고 묻는다면, 나는 "아니요, 저는 과일나무가 좋으니 과일나무를 심어주십시오" 할 것이다.

가만가만 보니 과일나무가 우리 엄마를 닮았다. 엄마는 외모가 뛰어나지는 않으셨지만, 많은 재주를 가지셨다.

엄마는 손재주가 참 좋으셨다. 어릴 적 우리는 미용실에 가 보지 못했다. 늘 엄마가 우리 육 남매를 담 아래 앉혀서는 머리를 깎으셨다. 우리뿐만 아니라 동네 아이들 머리도 엄마가 다 깎아 주셨다.

엄마는 옷도 참 잘 만드셨다. 우리는 늘 엄마가 만들어 주는 옷을 입었다. 어디서 배우신 것도 아니었는데 레이스랑 주름을 넣어 참으로 예쁘게 잘 만드셨다. 그리고 겨울엔 손으로 짠 양말이랑 스웨터, 목도리, 티를 입었다. 알록달록한 무늬도, 꽈배기 무늬도 참으로 잘 넣으셨다.

음식 솜씨는 어찌나 좋으신지 동네잔치 때 음식은 엄마가 도맡아 하셨다. 어릴 적 우리 동네에선 자주 동네잔치를 했었다. 그럴 때면 매번 엄마가 모든 음식을 맡아 하셨다. 큰 가마솥 밥도 잘 지으셨고, 큰 솥에 부글부글 국도 잘 끓이셨다. 엄마는 늘 바쁘셨지만, 계절마다 놓치지 않고 계절 특미인 음식을 맛있게 해 주셨다.

　엄마는 동물도 식물도 참 잘 키우셨다. 소, 개, 닭, 토끼를 늘 키웠었는데, 마을 사람들이 "도개 댁네 오는 동물들은 어찌 이리 잘 크는지 참말로 이상하네" 하며 궁금해했다. 마당 귀퉁이에 있는 텃밭에서는 채소들이 또 어찌나 싱싱하고 튼실한지 이상할 정도였다. 그리고 우리 육 남매도 참 잘 보살펴 키우셨다. 주위에 보면 많은 집에서 재산 문제나 부모 모시는 문제로 싸운다. 그런데 우리 육 남매는 한 번도 싸운 적이 없다. 시골에서 과수원을 하는 큰오빠네 최고의 일꾼은 도시에 사는 우리 오남매다.

　그랬구나! 재주도, 지혜도, 인품도 뛰어나셨던 우리 엄마와 과일나무는 닮은 점이 참 많구나! 그래서 나는 과일나무가 좋았구나! 그래서 위풍당당한 소나무가 아니라 과일나무가 좋았구나!

　엄마가 돌아가신 지 3년이 지났다. 하지만 나는 늘 엄마랑 함께 있다. 봄에는 새빨간 산딸기랑 앵두랑 오디를 따면서 엄마를 생각한다. 여름에는 자두랑 복숭아랑 포도를 따면서 엄마를 생각한다. 가을에는 배랑 감이랑 대추를 따면서 엄마를 생각한다. 겨울에는 다시 봄에 꽃을 피울 나무를 보면서 엄마를 생각한다. 이렇게 나는 사계절 늘 엄마와 함께한다.

　우리 부부는 이번 주말에 대추와 배 따러 간다. 엄마를 만나러 간다.

권후선 수필가

이학 박사 특강 강사
영남대사회과학 연구소 연구원
작가
전) 대구 에바네쌍띠 웨딩 대표
전) 수성아이놀이터 대표
문학고을 신인문학상 수상
문학고을 등단 수필 부문

# 황순원과 소나기 마을

## 남기선

추석 연휴 어디 가까운 근교에 가서 식사나 하고 오자는 두 딸의 제의에 그러자 하고 따라나선 곳이 경기도 양평에 있는 [토방] 이라는 토속 한정식집이었다.
북한 강변에 자리한 포근하고 정감 있는 외관에 음식도 깔끔하고 정갈한 맛에다 탁 트인 넓은 창으로는 북한강이 한눈에 들어오며 한가로이 시원스레 물살을 가르는 젊은 수상 스키어들의 모습이 한눈에 들어왔다.

즐겁게 식사를 마친 후 아름드리 밤나무 그늘이 시원한 아래층 목조 테라스로 자리를 옮겨 커피를 마시니 아름다운 강변의 정취와 탁 벌어진 밤송이가 테라스에 떨어져 뒹굴며 어느새 성큼 다가온 가을을 느낄 수 있게 해 주었다.
아름다운 계절 정취에 흠뻑 빠져 가을을 느끼고 있자니 오랜 투병 생활을 거치며 힘들게 고생하다 몇 년 전 먼저 간 아내 생각이 간절했다.
이런 때 같이 있었음 얼마나 좋았을까 맑은 강줄기를 속절없이 바라보며 삼시 생각에 잠기있다.

자기들도 엄마 생각이 간절할 텐데 군이 애써 자제하며 아빠를 위해 음식점을 예약하고 나들이를 함께해 준 딸들이 고마웠다.

이런저런 이야기를 나누던 중 딸들이 주변 가까운 곳에 황순원의 문학관이 있는 소나기 마을이라는 곳이 있는데 예까지 왔으니 한번 들렀다 가자 하기에 내심 나는 그냥 더 있고 싶었으나 아쉬운 마음으로 자리를 옮기어 소나기 마을로 향하게 되었다.

소나기 마을은 1953년 발표된 황순원의 국민 소설 소나기의 이름을 따라 양평에 조성된 테마파크였는데 60여 년 동안 시와 소설의 세계를 넘나들며 순수와 절제의 미학을 이룬 선생의 문학적 업적을 기리는 마음으로, 경희대와 양평군에서 함께 건립한 곳으로 우리 문단 거목의 숨결을 느낄 수 있는 곳이었다. 입구부터는 넓은 푸른 잔디밭이 펼쳐져 있었고 소나기를 체험해 볼 수 있는 소나기 분수와 비를 그을 수 있는 수숫대 볏집을 형상화하여 소설의 배경을 현실적 공간으로 재현해 놓았다.

당초 선생의 고향은 평양이었으나 소설 속 배경이 양평군 관내리로 추정되어 이곳에 조성되었다 한다. 경내에는 위치 좋은 양지바른 곳에 선생 부부의 묘역도 조성되어 있기에 딸들과 함께 잠시 찾아뵙고 존경의 예를 갖추었다. 기존 천안시 병천면 풍산 공원에 계시던 묘역을 이곳으로 이장한 듯하다.

소나기는 학창 시절 우리의 교과서에도 실렸던 아름다운 단편소설로 간결하고 세련된 문체로 소설 미학의 전범을 보여주며 어린 시절 사춘기 청소년들의 마음을 심쿵하게 만들었던 황순원의 대표적 소설로 지금도 그 감동은 여전히 나의 마음속에 잔잔히 남아있다.

　김동리, 서정주 등과 함께 대한민국 문학계의 대표적 거목이신 선생의 발자취를 느껴 보고자 잠시 2층에 있는 문학관으로 자리를 이동해 선생의 유품과 육필 원고 등을 찬찬히 돌아보던 나는 문득 시선이 순간 한곳에 멈춰졌는데 똑같은 제목으로 쓰여진 여러 개의 원고에 깨알같이 쓰고 고쳐 적은 빛바랜 원고들이었다. 지금이야 컴퓨터로 쓰고 고치고 갖다 붙이는 작업이 비교적 수월한 시대이지만 그 시기에는 하나의 소설이 탄생하기까지 작가들이 쏟는 땀과 노력은 진정 가늠조차 어려웠다. 마치 선생과 대화하듯 한동안 만년필과 원고를 물끄러미 바라보았다.

　다시 계단을 내려오던 나는 넌지시 둘째 딸에게 물었다.
　"너도 문학을 계속할 걸 그랬지?"
　딸은 아무 말 없이 히죽 웃었다.
　나는 그 웃음의 의미를 알고 있기에 더는 묻지 않았다.
　나름 둘째 딸도 각 대학 총장상과 대산문학상 등을 수상하며 대학의 문학 특기생으로 입학한 실력 있는 문학도였으나 지금은 문학을 접고 자기 나름의 개인 사업을 하고 있다. 이유는 독실한 기독 신자로서 남녀상열지사식 글은 쓰고 싶지 않다는 이유에서다. 아빠로서 조금은 의아하고 섭섭하기도 하였지만, 딸의 결정을 존중하기에 더는 묻지 않았다.

다시 딸들과 잔디가 아름다운 경내의 푸른 잔디밭도 거닐고 원두막에도 앉아보며 오랫동안 모처럼 이런저런 속 깊은 대화를 이어갔다. 그리고 귀여운 모습의 소년소녀 상도 둘러보며 소설 속의 소나기에 대해서도 이야기를 나누었다.

좋은 장소 뜻깊은 곳에서 좋은 식사를, 그리고 딸들과 즐거운 대화를 나눌 수 있었던 의미 있는 추석의 연휴였다.

돌아오는 길 소나기 마을 입구 다리를 건너며 마치 소설 속의 윤 초시 증손녀가 소년과 징검다리에서 만나 함께 물놀이 할 것 같은 아름다운 환상이 떠올랐다.

날씨는 청명하고 하늘은 높아가는 아름다운 양평에서 그런 상상을 하며 귀경길에 올랐다.

남기선 소설가, 수필가

1958년 인천 출생
중앙대학교 사회개발대학원 행정학석사
중앙대학교 국제경영대학원 경영학석사
2022년 7월 문학고을 수필 당선
2023년 5월 월간 시사문단 단편소설《 代 》당선
2024년 제19호 봄의손짓 빈여백동인문학지 단편소설《 등대 》당선
한국문예창작진흥원 교수, 빈여백 동인
한국시사문단작가협회 회원. 한국소설가협회 회원
한국문인협회 회원, 문예창작실지도사 1급
을지대학교 겸임교수, 연세대 산학협력단, 서울시 인재개발원 강, 월드로 마켓 대표

〈수상〉
문학고을 문학상(수필), 월간 시사문단 문학상(소설)
제4회 청목문학상(작가대상), 제19회 빈여백동인문학상
서울시장 직무유공 표창, 정부우수공무원 국무총리 표창
〈저서〉《소설 카름》한국문인협회 (공저)
문학고을 10선집~ 15선집 (공저)
월간 시사문단 2023. 2월초,~ 5월호 (공저), 복의 손짓 빈여백동인지 제19호 (공저)
현) 문학고을 부회장 /수석고문/ 등단 심사위원

# 오늘 출근하고 내일 퇴근하는 여자

## 박소현

'늘 오늘 출근하고 내일 퇴근하는 여자, 나야!' 혼자서 독백을 하며 지내고 있는 그 어느 날 밤이었다. 그날 밤의 두근거림을 회상해 본다. 벽시계의 시침은 밤 2시에 도착하려고 한다. 시침이 2시를 가리키고 있을지라도 두근거림으로 인해 잠자리에 들 수가 없어서 폰을 잡았다. 집에 오기 전 빌 비숍의 핑크 펭귄 독후감을 블로그에 포스팅하고 들어왔다. 사실 어느 책에선가 추천을 받고 읽은 책이다. 블로그 포스팅을 하려고 다시 책을 뒤적거리며 사진을 찍고 밑줄 쫘악을 살펴보았다. 포스팅을 마칠 때쯤엔 맑은 하늘 저쪽에 작은 구름 한 점이 일고 있었다. 그것은 하늘에 있는 것이 아니라 눈에 보이지 않는 어느 곳에선가 일어나고 있었다. 알 수 없었다. 머리 쪽인지 가슴 쪽인지 탁 꼬집어 이것이다, 라고 말할 수 없는 묘한 그림이 마치 눈앞에 보이듯 떠올랐다. 뉴스도 볼 시간이 없는 나로서는 이동 시간 운전 중 유튜브를 켜놓고 움직이는 편이다. 그날 밤에는 집에 도착할 때까지 유튜브의 소리는 다른 곳으로 흘러가고 있었다. 모든 감각은 그림의 성체를 찾는 것으로 맞춰져 있었다.

'바로 이거다 이거였어' 구름이 선명하게 보였다
'내가 핑크 펭귄이 되는 거야! 그래 바로 내가 핑크 펭귄이 되는 거야!'
'빌 비숍은 비즈니스계의 핑크 펭귄이고 나는 60대의 핑크 펭귄이지'

그렇다. 아직도 핑크빛이 진하지 않다고 말하는 펭귄들이 있을지는 모르겠다. 그렇다면 머지않아 그 빛은 진핑크가 될 것이다. 이제 와서 보니 난 미운 오리 새끼였었다. 미운 오리 새끼가 진핑크 펭귄이 될 것이다. 난 지금 빌 비숍에게 무척 고맙다는 인사를 전하고 싶다. 왜냐하면, 내가 진핑크 펭귄이 될 수 있음을 알게 해주었기 때문이다. 언젠가 글쓰기를 하며 초고를 마친 적이 있었다. 그런데 책을 쓸 때 부풀었던 마음은 사라지고, 그야말로 자전적 에세이, 그것도 서툰 초보 작가의 삶에 누가 얼마나 관심이 있을까였다. 어차피 강사 일을 하고 있으니 내 이름의 책을 한 권 내는 것이 강사에게 더하기를 만들어 주는 요소는 될 것이다. 내게 더하기보다는 독자들에게 영양가를 더하는 것이 무엇일까?, 하면서 많은 갈등 끝에 조금 더 시간을 가지기로 결정을 했었다. 그리고 계속 머리는 돌고 있었다. 너무 어렵게 살아온 날들의 얘기만 할 것이 아니다. 뭔가 다른 것을, 다르게 살아온 것을, 평범한 일상이 아닌 것을 보여줘야 한다. 그래서 내 책을 읽는 독자들에게 동기부여를 제공하고 도전하고

자 하는 욕구를 불러일으켜 주어야 한다, 라고 하던 나에게 '핑크 펭귄'이 와주었다. 내게는 진 핑크빛을 입혀주겠다고 한다.

 그렇다. 어느 순간 60대 중반이 된 나이에 도전의 욕구는 계속 고개를 숙일 줄 모른다. 그러나 과감하게 고개를 세우지도 못한다. 60 중반이라는 나이가 자꾸만 브레이크를 잡는다. 그 브레이크를 풀어 주었다. 무슨 소리야 일본에 100세에 시인이 된 '약해지지 마'의 시바타 도요 그녀는 100세에 멋진 핑크를 입지 않았는가. 어디 그뿐이랴. 2년 전 딸아이 가족과 여행을 갔었다. 딸아이는 어디든지 다른 지역을 가게 되면 그 지역에서 유명한 독립 책방을 찾는단다. 아무런 의미 없이 따라가서 둘러보다가 '인생에서 너무 늦은 때란 없습니다.' 라는 제목이 내 손을 잡아당겼다. 책장 한번 넘겨보지 않고 집어 왔었다. 책장에 꽂아 둔 책을 다시 꺼내 들었다. 갑자기 '이제 다시 앞으로'를 외치며 자판을 치다 보니 그때 읽었던 한 구절이 생각나서 책을 펴들었다. 첫 장을 열면 나오는 감동의 한 부분을 옮기기 위해서였다.

 '나는 행복했고, 만족했으며, 이보다 더 좋은 삶을 알지 못합니다. 삶이 내게 준 것들로 나는 최고의 삶을 만들었어요. 결국 삶이란 우리 스스로 만드는 것이니까요. 언제나 그래 왔고, 또 언제까지나 그럴 겁니다.' (모지 스 알머니 이야기)

"삶이 내게 준 것들로 나는 최고의 삶을 만들었어요. ~ 결국 삶이란 우리 스스로 만드는 것이니까요." 그녀는 내게 없는 것이 아니라 내게 주어진 것들을 소재로 최고의 삶을 만들어 냈다는 것이었다. 결국 스스로 자신의 삶을 만들었다는 것이다. 내 마음에 잡혀있는 브레이크로 인해 이 책을 처음 읽었을 때는 모비스 할머니 정말 대단한 분이구나. 존경스럽다, 하면서 책을 덮었었다. 이제 다시 핑크 펭귄을 통해 브레이크가 풀어진 지금은 '시바타 도요, 애나 메리 로버트슨 모비스뿐이겠는가' 수도 없이 많은 사람들이 늦은 나이에 도전을 해서 진 핑크를 입은 사람들이 얼마나 많은가, 라는 합리적인 생각들로 가득해졌다. 이들이 바로 핑크 펭귄이 아닌가. 나도 그중 하나가 되는 것이다. 아니 나는 진 핑크 펭귄이 되겠다는 것이다.

'현재 당신이 수행하는 역할은 운명도 아니고 돌에 새겨진 계명도 아니다. 그것은 당신이 자신을 어떻게 보느냐의 결과일 뿐이다. 자동차 세일즈맨을 예로 들어보자. 그들은 스스로 어떤 종류의 차를 팔 것인지 결정한다. 어떤 세일즈맨은 롤스로이스를 팔고 어떤 세일즈맨은 폭스바겐을 판다. 그들이 가진 기술과 능력은 근본적으로 별다를 게 없다. 한 사람은 일반 승용차를 팔기로, 다른 사람은 프리미엄 승용차를 팔기로 결정한 것뿐이다. 내가 자신을 어떻게 보느냐가 중요하다고 강조하는 이유가 바로 이것이다. 자신을 롤스로이스 세일즈맨으로 보는 사람은 그 일을 하게 되고 폭스바겐 세일즈맨으로 보는 사람은 그것을 팔게 된다. 우리의 운명은 실로 우리에게 부과되는 것이 아니라 우리가 선택하는 것이다.' (핑크 펭귄 p112)

빌 비숍은 비즈니스 컨설턴트로서 사업을 어떻게 하면 성공시킬 것인가를 말하고 있다. 그러나 내게는 어떻게 하면 아름다운 인생을 만들어 낼 것인가로 다가온 것이다. 선택하는 것이란다. 그래서 진 핑크 펭귄 인생을 만들기로 선택했다.

그 밤 내 책 쓰기는 다시 시작되었다. 그 밤은 다시 만들어진 그림으로 잠을 설치는 밤이 되었었다. 그런데 지금은 어떻게 되었냐고 묻고 있다. 한편에서는 묻고 한 편에서는 60대 핑크 펭귄이 되기 위해 불철주야 뛰고 있다고 답한다. 조금 더디긴 하지만 멈추지는 않겠다고…여전히 어제가 만든 오늘을 살고 있고, 오늘이 내일을 만든다는 나의 신조를 되뇌며, 오늘 출근하고 내일 퇴근하는 여자로 살고 있다. 아무래도 60대보다는 70대 핑크 펭귄을 볼 것 같은 예감이다.

박소현 수필가

국제행복교육원 대표
(실버강사 교육전문 및 파견기관)
한국치매예방협회김천지부
편편힐링김천지사(푸드테라피수업)
박소현웃음치료센터 실버인지건강학교 원장
우리교회전도사
자격사항 사회복지사 2급
평생교육사 2급 한국어 교원 2급
치매예방 뇌인지학습 전문 자격 다수
한국열린사이버대학교 산업체 주임교수

저서 -
시니어를 위한 뇌인지학습지도서
문학고을 신인문학상 수상
문학고을 등단 수필 부문
문학고을 우수작가상 수상
제3회 청목문학상(작가대상) 수상
문학고을 시선집 다수

# 최초의 인간

박정규

　'인생의 기쁨, 그것은 맥주' 어느 수메르인이 남긴 낙서라 한다. 그러나 글쓰기에 어려움을 겪는 나에게 이 문장은 한 줄기 빛과 같았다. 한낱 낙서로 치부 받기에는 폄훼되었다는 생각을 지울 수 없다.

　기원전 8천년에서 3천년 사이 지금의 이라크 티그리스강과 유프라테스강 사이에서 수메르인들은 인류 최초로 메소포타미아 문명을 열었다. 비옥한 초승달 지대에서 농경 문화를 정착시켰고, 잉여 농산물과 생산품을 교환하며 관료제를 발전시켰다. 그러나 인간의 기억에만 의존하는 경제 활동이나 국가 운영은 한계를 드러낼 수밖에 없어 수메르인들은 교역 활동, 조세 납부, 부채 및 재산의 소유를 기록하기 위해 설형 문자를 만들었다. 초기에는 물건을 세고 이름을 기록하는 숫자 기반의 문자였으며 그 후 단어 문자로 진화하였다. 수메르인들은 600개에서 900개의 단어를 사용했다. 오늘날 표준국어대사전에 수록된 단어 수 42만 3,720개와 비교하면 숫자가 턱없이 부족함을 알 수 있다. 그들의 글자는 주로 거래 계약서나 국가 행정 문서로 활용되었고 개인의 정서를 이야기한 문학 작품은 거의 찾아볼 수 없다. 설형 문자로 쓰인 「길가메시」는 오늘날 인류 최초의 서사시로서 문학 작품으로 평가받지만, 당시에는 영웅담을 통치에 활용하고자 국가가 주체가 되어 수행한 사업의 결과물로 보인다.

거래 내역을 작성한 점토판의 한 귀퉁이에서 발견된 '인생의 기쁨, 그것은 맥주'라는 문장은 낙서로 보이기도 한다. 그러나 이해관계가 첨예한 거래 문서에 경제적 이익과 전혀 관련이 없는 글귀를 새긴다는 것은 좀체 이해되지 않는다. 그 수메르인은 내면으로부터 솟아오르는 정서를 기록으로 남겨서 오랫동안 기억하고 싶어 점토판 여백에 몰래 새긴 것이 아닐까?

20세기를 대표하는 언어철학자 비트겐슈타인은 「논리, 철학, 논고」에서 "내 언어의 한계는 내 세계의 한계이다"라고 했다. 필경사였을 것으로 추정되는 낙서의 주인공은 그 문구를 쓰기 전에는 900여 개뿐인 글자 세계에 갇혀 있었다. 그러나 언어의 한계는 예술과 문학을 통하여 극복할 수 있다 했다. 이런 의미에서 그가 점토판 귀퉁이에 새겨 쓴 글은 일본의 하이쿠와 유사하며 술을 예찬하는 수메르식 단시短詩처럼 보인다. 글귀를 새긴 순간 그는 개인의 정서를 노래하는 시를 창작한 것이고, 인류 최초로 문학이라는 장르의 지평을 열었으며, 자신을 가두어 놓은 언어 세계의 경계선을 부수었다.

또한 그가 이야기하고자 한 맥주에 관한 시정은 중국

동진 시대 술의 성인이라 일컫는 도연명(陶淵明, 서기 365년~427년)의 음주가飮酒歌를 떠오르게 한다.

채국동리하(採菊東籬下)
유연견남산(悠然見南山)

동쪽 담벼락에 국화를 뜯으니
멀리 남쪽에 산이 보이네.
— 도연명, 음주가5飮酒歌5 중에서 -

20여 편이 넘는 음주가 중 다섯 번째에 해당하는 고체시 일부이다. 제목 외에 술을 지칭하는 어떤 단어나 표현이 없음에도 음주를 읊은 시의 백미다.
'어느 가을날 도연명은 초가집 마루에서 술을 마신다. 울타리 아래 국화꽃이 예쁘게 핀 것을 문득 본다. 어질한 걸음으로 다가가서 한 송이 꺾어 향기를 맡는데 멀리 남쪽에 있는 산이 눈에 들어온다. 그 순간, 시인은 자신과 국화와 산이 하나임을 느낀다. 한낮에 술기운을 빌어 물아일체의 경지를 경험한 것이다.'
수메르인도 도연명과 유사한 경험을 하였는지 모른다. 맥주를 한잔하니 기분이 좋아지며 삶과 인생이 환희로 바뀌는 신비감을 경험하곤 그 순간이 영원히 계속되기를 바랐을 것이다. 쐐기 글자의 부족한 단어와 아직 분화되지 못한 수사법 때문에, 자신의 정서를 온전하게 표현할 제대로 된 문자의 수단을 갖지 못한 그는, 그럼에도 불구하고 자신의 느낌을 어떡하든 써 내려갔다.

그가 경험했을 심층의 정서를 추정하여 졸시로 복원해 본다.

맥주

노오란 황홀함이여
너에게선
이른 봄 새순에 내려앉은 아침 이슬의 맛이 나고
한여름 초록에 쏟아지는 점심 햇볕의 맛이 나고
가을 들판에 하늘거리는 저녁 바람의 맛이 난다.
한겨울 밤과 같은 토굴에서
너는 발효되어
씁쓸한 효모 맛도 나는데
나의 목구멍에서는
암리타 생명수가 되어 삶을 영원으로 이끈다.

수메르인은 값비싼 점토판을 낭비 해가며 자기 내부에서 솟아오르는 열정을 글로 남기고 싶었다. 자기의 생각을 그리고 떠오르는 마음의 정서를 오래 기억하고 싶었기에 점토를 굽는 등 어려운 작업이 있어도 글을 새겨야 했고, 큰 대가를 치르더라도 기꺼웠을 것이다. 마음속에 일어나는 느낌이 점토판에 굳어져 눈에 보이는 기쁨을 맛보았을 것이다.

  문학은 창작의 고통이며 기쁨이라는 의미에서 그의 글은 순수 문학 작품이다. 비약일지 몰라도 그는 개인의 정서를 노래한 최초의 창작자이며, 쓰고자 하는 인간 욕구를 최초로 실현한 자이며, 인간의 글 쓰는 속성을 최초로 확인해 준 사람이다.

  생각하는 속성을 지닌 인간을 라틴어로 호모 사피엔스 Homo Sapiens라 하는 것처럼 글을 쓰는 속성을 가진 인간을 호모 콤멘탄스 Homo Commentans라고 할 수 있다면 그 수메르인은 최초의 호모 콤멘탄스이다.

  공부하고, 돈을 벌고, 은퇴하는 삶의 여정에서 이제 나는 세 번째 시기에 접어들었다. 새삼 이 나이에 새로운 것 해보자고 글쓰기에 굳이 덤벼들었는데, 나에게는 용기와 더불어 명분이 필요했다. 그래서 인간 속성에 글을 쓰고자 하는 본능이 있을 거라 믿기 위해 최초의 창작자로서 수메르인을 끌어들였다. 하지만 글을 쓰는 것이 인간의 속성이라 해도 누구나 글을 쓰지 않는다. 그런들 아무런 문제가 생기지 않기 때문이다. 그래도 나는 수메르인이 하던 것처럼 그냥 글을 쓰려 한다. 밥 먹는 수단이 아니라, 어떤 명성과 지위를 위한 방편이 아니라, 삶을 긍정하고 세상을 관조하며 앞으로 남은 생을 잘 경영할 요량으로 글을 쓰겠다. 최초의 인간 수메르인의 열정을 초심으로 여기면서.

박정규 시인, 수필가

1990년 고려대학교 물리학과 졸
1996년 고려대학교 대학원 통계물리 석사
1996년 ~ 현재
정보통신부(현, 과학기술정보통신부)
국립전파연구원 근무
문학고을 신인문학상 수상
문학고을 등단 시 부문

# 꽃순이

박정순

　꽃을 사랑하는 정식이는 올해 고희가 넘은 70대 할머니? 할머니라 불러기엔 좀 그랬다. 정식이 그녀를 나는 꽃순이라 부르고 싶었고 그녀는 진정한 꽃순이였다. 꽃순이의 집 앞에는 커다란 은행나무 집 주위엔 나무들이 울창하게 우거진 그야말로 숲속의 정원, 비밀 화원의 여주인공인 꽃순이 정식이를 꽃순이라 말하려면 넓은 농촌의 환경을 이야기해야 할 것 같다. 그래야 그녀가 얼마큼 대단한 여인이라는 것을 알 수 있을 것 같다.
　꽃순이의 집 밖엔 은행나무 집안에 들어가는 정문가에는 회향나무가 좌우로 나란히 나란히, 대추나무, 감나무, 나무 백일홍 등 이름 모르는 나무들의 행렬.
　집 앞에는 어느 작은 성당에서 볼 수 있는 성가정상이어서 오시게들 하듯 우뚝 서 있고 성가정상 주위에 능소화, 소나무, 회향목.
　나는 저절로 성호를 그으며 감탄과 감사의 기도를 하고 나서 안뜰에 핀 꽃 사이로 연신 예쁘다. 감탄하며 계단을 오르면 넓은 마당이 좁아서일까. 계단마다 화분이 화분마다 각종 선인장에 예쁜 꽃들이 방긋 웃고 꽃순이

활짝 함박꽃 같은 웃음으로 우리를 반겨 집안으로 안내를 한다.

신발 위에도 꽃 문패도 직접 나무 그림 조각하고 현관에 들어서면 또 한번 입이 쩍 '와우, 웬 꽃이 이리 많을까?' 장식장 위마다 각종 색깔의 장미가 천장에 닿고 거실에 넘치는 꽃, 주방에 방에도 집안 뒤뜰엔 수천 송이 참깨 꽃이 하얗게 피고 수많은 옥수수 병정들이 보초를 서고 고추 밭에 푸른 고추가 붉게 물드는 텃밭 주렁박이 주렁주렁 열린 그늘을 지날 때 네 마리의 개들이 주변을 두리번거리는 나를 보며 으르렁거리면 꽃순이가 '조용히 해라' 하면 으르렁거리던 소리에 놀란 나를 신기하게 바라보는데 그 모습도 그림이 되는 집.

집안 전체가 꽃인 그녀의 집 정식이 나의 친구 정식인 꽃이 좋단다. 꽃순이의 옷들도 모두 꽃이다. 일바지도 꽃, 모자도 꽃 양말도 꽃꽃꽃, 꽃순이.

꽃순이는 장점이 참 많다. 우리가 배워야 할 환경 지킴이라면 어울릴 진정으로 꽃을, 식물을 사랑하는 여인. 천연 음료수인 빗물을 받기 위해 처마밑마다 고무함지들이 줄을 이어 섰고, 그 빗물을 받아 식물마다 물을 주고 새벽 세 시부터 일어나 식물과 속삭이고 나무 손질, 모든 식물과 대화하며 자연을 아끼고 사랑하는 꽃순이.

자연 속에서 자연을 즐기며 자연을 아끼고 사랑하는 그녀의 친구 꽃순이가 자랑스러워 누가 꽃순이를 물어온다면 나는 그녀를 만방에 알리고 싶다. 나도 그녀와 같이 자연을 아끼고 사랑하며 살아보려 한다. 나의 친구 꽃순이가 자랑스러워 그 사람을 알려거든 친구를 보자던 말처럼 나도 그녀 꽃순이를 닮고 싶다.

박정순 시인, 수필가

52년생 원주 여고 졸
화가
98년과 평창올림픽 때
강원도 도지사상
그림책 응모 입선
문학고을 신인 문학상 수상
문학고을 등단 시 부문
공저
'종합문예지 청목' 시선집 다수

# 배워서 남 주는 삶

신경희

　오래전 교직에 있을 때 함께 근무하셨던 선생님의 부고를 받았다.
　열흘 전 94세 생신날, 축하 문자를 드리다가 이어지는 안부 나눔 끝에 내일 코로나 예방 접종을 할 것이라고 하시더니 열흘 만에 부고를 받으니 황망하기도 하지만 혹여 다음날 맞을 것이라던 코로나 예방 접종으로 인한 것은 아닌지 의심이 들었다.

　첫 발생 후 몇 년이 지났고 그동안 예방약과 치료약이 개발되었다고는 하지만 아직 완전한 상태가 아님을 의학계에서도 말하는 지라 괜한 의심은 아닌 듯하여, 가족들에게 갑자기 돌아가심이 혹 코로나는 아니셨는지 물어보니 접종을 하지 않으셨고 심정지라고 한다. 노인들의 건강은 보이는 것이 다가 아님을 실감하는 날이다.

　생전에 선생님께서는 끊임없이 배우고, 나쁜 짓 말고 능력 안에서 할 수 있는 것을 다 하는 것이 인간의 본질이요, 배운 것을 나눌 줄 아는 삶이 가치 있는 인간의 능력이라며, 내게 이것저것을 배우도록 격려하셨는데 그중에 가장 먼저 하라고 하신 것이 운전면허로 덕분에 90년대 초에 일종 면허를 딸 수 있었고, 쉬는 시간 틈틈이 서예를 직접 가르쳐 주시면서 공모전에 응모를 하도록 해 수상을 하기도 하는 등 서예뿐 아니라 수석 우표 수집 등을 젊은 나이에 시작할 수 있었고 직접 호를 지어주셔서 작가 등단 후 '청곡'이라는 호를 사용하고 있다.

많은 가르침 중에 또 하나 감사하는 것이, 수지침으로 비염을 치료해 주신 것으로, 꽤 오랜 시간이 걸리기는 했지만, 꾸준히 침을 맞은 때문인지 지금까지 숨쉬기에 불편을 느낄 만큼의 예전 같은 증세는 없어진 지 오래다. 때론 침 맞는 시간이 촉박해 왼손에 침을 잔뜩 꽂은 채 수업에 들어갈 때가 있었는데 학생들이 손에 꽂힌 침이 무서웠는지 장난도 치지 않고 조용했던 기억이 난다.

선생님의 퇴직으로 가르치심과 배움을 계속 이어가지는 못했지만, 참으로 많은 재능을 가지신 박학다식한 분으로 간간이 동료 교사들의 애경사에 참석해서 여전히 건강하게 바쁜 날들을, 나눔의 삶을 살고 계시다는 소식을 듣던 중에 작년 11월 구순九旬이 지난 연세에 '배워서 남주는 인생을 살다.' 책을 출간하셔서 출간기념회를 다녀왔는데 책 표지에 "93세, 아직도 나는 현역이다!"라는 말씀이 나이 듦을 핑계로 주저앉고 싶어지는 마음을 일으켜 세우고, '청빈한 교육자로서의 절개와 측은지심의 정수를 보게 될 것이며 그런 의미에서 이 책은 후학들이 반드시 읽어야 할 도덕 철학서이자 자기 계발서이기도 하다.'라는 서평에 깊은 공감이 간다.

  선생님은 세상을 떠나셨지만 가르치심이 이미 내 안에 스며진 것인지 나 역시 나이에 비해 바쁘게 이것저것을 배우면서 나름의 삶을 살고 있는데, 이리 허망히 떠나시니 연로하신 분께 곧 찾아뵙겠다는 말은 곧 바로의 실행이 아니면 얼마나 공허한 소리가 되는 지를 새삼 느끼면서 유언조차 남기지 못하고 떠나신 선생님의 죽음이 더욱 애잔하게 다가오기에 후학을 가르치는 열정으로 살아오셨고 퇴직 후에도 쉼 없이 배우고, 배운 것을 나누는 삶에 충실하셨던 선생님의 영원한 안식을 기도하면서 존경과 감사의 마음을 담아 추모의 글을 올린다.

청곡 신경희 시인, 수필가

54년 서울 출생.
숙명여자대학교 사학과 졸업
중등교사 퇴직. 학교법인 이사
문학고을 신인문학상 수상
문학고을 시, 수필 등단
문학고을 고문. 자문위원
강원문협회원
*수상
문학고을 청목문학상(작가대상)수상
60+책의 해 글쓰기
보령 해변학교 전국 문학작품 공모전
강원 문협 시회전 우수시 수상
경북일보 이야기보따리(수필)
공저 : 문학고을 시선집 1-12집
강원문학 55집
첫 시집-『오메 어쩔까』
현) 문학고을 부회상

# 메달 유감

유경선

　오늘은 운동 시합에 대해서 이야기를 해볼까 한다. 어느 종목이 되었건 내가 가지고 있는 생각은 이러하다. '한번 선수는 영원한 선수' 라는 것. 특정 종목에 대한 선수 생활을 초등학교 시절에 했다 하더라도 나이가 환갑을 지나고 칠순이 넘어도 그(녀)는 그 종목의 경기 능력에 있어서는 연령대를 불문하고 앞자리에 위치하게 된다. 수십 년 전에 잡아본 또는 해본 솜씨인데도 일반 아마추어는 도저히 이겨낼 수가 없다는 간단한 이야기.

　현직에 근무할 때 가끔 부서별 경기를 하는 경우가 있었는데 종목이 탁구가 되었건 테니스가 되었건 하다못해 많은 선수 가운데 한 명만 해당하는 배구를 하더라도 학교 다닐 때 선수 생활을 했던 사람들은 출전을 하면 안 되는 것이 모두가 그 분(녀)과 같은 편이 되기를 원하느라 시끄러웠던 때가 많았기 때문이고 그 분(녀)으로 인해 경기 결과가 달라지게 되는바 나중에는 해당 분야 경기에는 출전을 하지 못하게 하고 심판 업무를 부여했던 기억이 난다. 도무지 시합 자체가 되질 않으니 어쩌겠는가?

내가 오늘 이 이야기를 하는 이유. 이번에 경상남도에서 열리고 있는 전국체전을 보면서 접하게 되는 경기 내용과 수상자 소식 때문이다. 무슨 무슨 종목에서 금메달을 수상하는 영광(?)의 얼굴들을 보니 어디선가 보았던 얼굴이고 들었던 이름이다. 어디였을까? 다름 아닌 올림픽이되시겠다. 아니… 세계인을 상대로 경기를 하고 수상을 했던 선수들이 동네잔치에 나와서 아마추어들을 눈물 흘리게 하고 그들이 받아야 할 메달을 싹쓰리해 가다니 이런 횡포가 어디 있는가 말이다. 그에 대해 이야기를 해보고자 한다.

결론부터 말하고 가자. 나로서는 올림픽에 출전했던 선수, 더구나 상위 입상을 했던 선수가 국내 대회에 참가하여 상위 입상을 하는 게 바른 행위는 아니다라는 생각을 가지고 있다. 굳이 배타성을 언급하지 않고서도 말이다. 이는 공정성, 경기력 발전, 그리고 선수 양성의 측면에서 적절하지 않다는 생각이다. 내 생각의 핵심은 국제 대회를 경험한 선수들의 수준 차이가 국내 대회에 참가하는 다른 선수들에게 불공정한 경쟁 환경을 조성할 수 있으며, 결과적으로 국내 스포츠의 전반적인 발전에 악영향을 미칠 수 있다는 점이다. 하나씩 이야기를 풀어가 보자.

첫째로, 앞에서 언급한 '한번 선수는 영원한 선수이

다' 의 확대판이 되시겠다. 올림픽 출전 선수가 국내 대회에 출전할 경우 그들이 가진 국제적 경험과 훈련 환경에서의 차이가 큰 격차를 만들어낸다. 올림픽 출전 선수들은 선진지 훈련을 포함한 세계 최고 수준의 훈련과 지원을 받고 국제무대에서 치열한 경쟁을 경험한다. 반면, 국내 대회에 참가하는 대다수의 선수들은 그러한 경험을 접하기 어려운 경우가 많다. 이러한 차이는 경기력뿐만 아니라 심리적인 측면에서도 영향을 미칠 수 있다. 국제무대에서 성공 경험은 자신감을 높이고 경기력에도 긍정적인 영향을 미치지만, 국내 선수들에게는 올림픽 출전 선수와의 경쟁이 불공평하다고 생각할 수 있다. 드러내 놓고 불만을 말하지 않아도 나와 같은 생각을 하는 선수가 적지 않다고 생각한다. 이는 대회의 공정성을 저해할 수 있으며, 다른 선수들의 동기 부여에도 좋지 않은 영향을 미칠 수 있다.

두 번째로, 전국체전 포함, 국내 대회는 새로운 선수들이 경험을 쌓고, 자신들의 능력을 입증하는 중요한 무대이다. 특히, 젊은 선수들이나 상대적으로 경험이 적은 선수들에게는 국내 대회가 국제무대로 나가기 위한 디딤돌이 될 것이다. 그러나 올림픽에 출전한 선수들이 이러한 대회에 참여하여 상위권을 차지한다면, 상대적으로 기회가 적은 국내 선수들이 성장할 수 있는 기회를 박탈당하게 된다. 이는 결과적으로 국가 전체의 스포츠 발전에도 부정적인 영향을 미칠 수 있다.

경쟁이 지나치게 치열하거나 불공정하게 느껴질 경우, 일부 선수들은 자신의 능력을 충분히 발휘하지 못하거나, 스포츠를 포기할 가능성도 있지 않을까? 체전을 포함한 각종 국내 대회는 개인의 발전과 국가적 차원의 경기력 향상을 목표로 할진대 올림픽 출전 선수들이 국내 대회에 참여하여 상위권을 차지하는 행위는 이러한 목표를 저해할 수 있다는 점에서 바람직하지 않다고 할 수 있다.

마지막으로 올림픽 출전 선수들이 국내 대회에서 상위 입상을 하는 것은 국내 스포츠 선수 양성 및 육성 시스템에도 부정적인 영향을 미칠 수 있다. 국내 대회는 차세대 선수들을 발굴하고 육성하는 데 중요한 역할을 한다. 하지만 올림픽 수준의 선수가 국내 대회에 출전하여 계속해서 우승을 차지한다면, 젊고 잠재력 있는 선수들이 자신의 기량을 충분히 펼칠 기회를 얻기 어려워지는 것은 당연한 결과가 될 것이며 국내 대회에서 자신감을 얻고 더 큰 목표를 향해 나아갈 수 있는 기회를 빼앗기게 되는 것이다.

미래의 유망한 선수들이 국제무대에서 성공하기 위해서는 국내 대회에서 성공 경험이 중요하다. 이는 경기력뿐만 아니라 정신적인 성장에도 긍정적인 영향을 미치기 때문이다. 하지만 올림픽 출전 선수들이 국내 내회에 참가하여 우수한 성적을 거두고 상위 메달을 휩쓸게 되면 신진 선수들이 이러한 중요한 경험을 쌓을 기회를 잃게 되고, 이는 장기적으로 국가의 스포츠 발전에 부정적인 결과를 초래할 수 있다. 앞에서 언급한 것처럼 나는 국내 대회를 통해 다양한 종목 선수들의 실력 향상과 경기 경험 축적에 더하여 새로운 유망주의 발굴을 목표로 하고 있다고 생각한다. 하지만 올림픽 출전 선수가 이런 대회에 참가하여 상위 입상을 거둔다면 이러한 대회의 본래 목적이 훼손될 수 있다. 대회는 공정한 경쟁을 바탕으로 이루어져야 하며, 그 경쟁 속에서 모든 선수가 동등한 기회를 제공받아야 한다. 그러나 올림픽 수준의 선수가 출전하게 되면 이러한 균형이 무너지고, 대회의 목적이 퇴색할 가능성이 크다.

나는 평론가도 아니고 체육에 대한 전문가도 아닌바 깊이 있는 의견 제시는 하지 못할 수는 있겠지만, 그리고 올림픽 출전급의 선수들이 전국체전에 참가하여 메달 수를 더하는 것이 어떤 의미가 있는지도 모르지만 내가 요리를 직접 하지 않고, 또 못한다고 해서 맛도 모르고 색깔, 향기 구별도 못한다고는 생각하지 않는다. 결론을 말하자면 올림픽 출전 선수가 국내 대회에 참가하여 상위 입상을 하는 것은 여러 측면에서 부적절한 행위일 수 있다. 이는 공정성을 해치고, 젊은 선수들이 성장할 기회를 박탈하며, 국내 스포츠 생태계의 지속 가능성에 악영향을 미칠 수 있기 때문이다.

 올림픽이나 국제 경기 선발전이 아닌 전국체전을 포함한 국내 대회는 새로운 선수들의 발굴과 육성, 그리고 그들의 성장을 도모하는 중요한 무대이니만큼 올림픽 출전 선수들은 자신들의 경험을 바탕으로 국내 선수들을 도와주는 역할을 하거나, 보다 높은 수준의 국제 대회에 집중함으로써 국내 스포츠 발전에 기여하는 것이 더 바람직할 것이다. 세계인을 상대로 수상한 분들이 국내 메달 하나 더하여 무엇하겠는가? 뉴스를 볼 때마다, 그들의 수상 소식을 들을 때마다 헤비급 선수가 플라이급 선수와 겨루는 것 같아 상당히 불편하다.

유경선 (아호 晴天) 수필가

육군 중위 제대
중등 교원 정년 퇴직
교육장, 교육감 상 다수 수상
부총리 겸 교육부 장관상 수상
녹조 근정훈장 수상
개인 문집 수 차례 발행
문학고을 신인문학상 수상
문학고을 등단(22년 7월. 수필)
문학고을 최우수작가상 수상 (24년 4월 수필)

# 사계절과 나

이민영

계절은 암시한다. 인간의 생애과 그들의 세상을. 사계는 인간의 생애이라는 측면과 닮아 있다. 봄이 되면 씨앗이 움터 따스한 볕 아래에 새싹이 돋듯, 나의 유아기엔 부모라는 따뜻한 품 안에서 그 씨앗을 움텄다.

어린 아이는 무엇이 될지 모르는 파릇파릇한 새싹이다. 부모는 그 새싹을 잘 어르고 달래어 그만이 가진 독특한 색의 꽃으로 점차 성장시킨다. 이에 따라 나는 어린시절, 다양한 친구들과 펜팔을 하거나 이색적인 체험을 하면서 세상 탐문의 기회를 넓혔다. 자아 발견의 눈을 만들고 선택의 폭을 넓히게 해준게 부모가 선물해준 경험이다.

그후 여름이 되면 온 누리는 푸른 잎과 꽃으로 무성해진다. 푸른 잎과 꽃들이 수려하게 얽혀 자연의 전성기라 불린다. 마찬가지로 나는 젊은 어른으로 성장해 세상에 한발 내딛고 가장 멋진 장소에서 가장 행복한 한때를 보내곤 했다. 대학가에서 젊음을 불태우거나 행복의 탄성이 공기를 가로지르는 여느 곳에서 가장 사랑하는 사람들과 힘차게 거닐었다.

그러나 때때로 여름날의 하늘엔 먹구름이 드리우고, 작열하는 태양이 그 행복을 다신 없을 것처럼 녹여버리기도 한다. 나는 20대 시절, 찬란한 순간들과 반대로 취업의 문턱에서 빈번히 낙방하고 좌절했다. 서류 심사를 통과하고 면접을 보러 오라는 곳은 많았지만, 막상 면접을 보면 트집을 잡고 탈락시키는 곳이 많았다. 또한 주위 사람들이 떠나가고 친구를 잃는 일도 겪었다. 찬란해서 청춘이 아니라 '아프니까 청춘이다' 라는 말은 내 가슴 속 깊이 새겨졌다.

그러나 가을이 오면 노을이 길어진다. 가을의 무르익음과 노을의 은은한 빛깔은 서로 닮아있다. 나무들은 그 잎을 아름답게 물들이고, 꽃은 화려함보다는 수수함으로 피워난다. 곡식과 과일도 무르익어 새들이 배부른 계절이다. 인간은 인생의 유지기가 되면 이 가을빛처럼 편안하고 안정적인 도약기가 된다. 지혜롭고 현명해지며 경제적으로도 풍요로워지는 나이다.

그러나 가을은 망각의 계절이기도 하다. 뜨겁게 짓누를 것 같던 하늘이 청명히 높아지고 기분 좋은 가을 바람이 불면, 여름의 고통을 잊어버린다. 여름처럼 의욕이 넘치지만 고난과 역경이 불쑥불쑥 찾아오던 때를 잊어버리면, 가을의 행복은 그리 길지 않을 것이다.

마지막 겨울은 고요한 어둠의 시간이다. 밤은 길어지고 나무와 꽃들은 모두 사라진다. 자연의 정열과 아름다움은 사라지고 외로워지는 때이다. 인간의 말년도 이와 같다. 인간이 말년이 되면 열정과 의욕이 줄어들고 마음 한구석에 외로움이 켜켜이 쌓여간다. 타인과의 관계에서도 그렇지만 본인의 생명이 다해갈 때 느끼는 그 고독함이 세상에 홀로 남겨진 것처럼 느껴진다.

사계와 닮은 인간사, 내 사계 나이는 가을인 것 같다. 나는 괜찮은 직업을 얻고 애인과의 관계도 안정적인 단계에 접어들었다. 꼭 나이만이 사계를 구분짓는 것이 아니라, 인생의 길의 조금이나마 뚜렷하게 보이는 이때가 내겐 가을이다.

가을의 입구에 서 있는 내가 1% 나아지고 싶은 것은 겸손한 마음가짐이다. 가을이 주는 황금빛 세상에 매료되어 다사다난했던 여름을 잊지 않는 것이 중요하다. 일렁이는 들의 벼처럼 언제나 겸손하고 알알이 속이 꽉 찬 마음을 지녀야 한다. 이러한 지혜로운 어른이 된다면 주위에 사람들이 많아지고 그들은 떠나지 않을 것이다.

이는 춥고 고독한 겨울도 대비할 수 있다. 주위 관계나 내적인 심연에서 외로워지는 겨울엔 가을에 쌓아놨던 인간관계가 중요하다. 인생의 안정기에 쌓은 지혜와 덕목이 겨울의 추위와 쓸쓸함을 채워준다. 그러므로 가을의 황금열매와 시원청명함에도 스스로를 낮추고 다른 사람들을 위하면서 살아야 할 것이다.

사계를 통해 바라보는 인간 생애와 인간사, 나는 좀 더 넓게 생각하고 스스로를 지성함으로써 더 전진할 수 있지 않을까싶다.

### 이민영 수필가

건국대학교 산업대학원 향장학과 석사 졸업
건국대학교 일반대학원 화장품공학과 박사 수료
전) 건국대학교 로스쿨 조교
전) 저널인뉴스 국민기자
전) NSP뉴스통신 국회기자
전) 폴리뉴스 기자
현) 가천대학교 원격 메디컬캠퍼스(화장품, 미용학) 운영교수
현) 코리힐씨엠 화장품 연구소장

# 삶이 그대를 속일지라도(졸업식)

이상학

'삶이 그대를 속일지라도 슬퍼하거나
노여워하지 말아라'

내가 초등학교 1학년 때부터 부모님은 시장 한구석에서 야채를 팔기 시작했다.
내 밑으로 줄줄이 동생들이 있었기 때문에 내 등에는 항상 동생을 업고 다녔다.
내 등에는 동생들이 흘린 콧물이 묻어 있었고 엄마는 미안했는지 가끔 손에 오 원짜리 동전을 쥐어주며 "미루꾸 사 먹고 와" 하셨다.
업고 끌고 시장 이곳저곳을 기웃거리다 해 질 녘 때쯤 아버지는 술에 취해 집으로 가셨고 나와 엄마는 팔다 남은 야채를 리어카에 싣고 동생들 태우고 집으로 돌아오곤 했다.
또래 아이들보다 키도 작고 마른 체구인 내가 리어카를 끌고 다니기에는 힘에 부쳤지만 장남이라는 굴레에서 벗어나지 못했다.
입학식, 소풍 등 학교 행사에도 부모님은 한 번도 참식

하지 않았다. 매번 내가 데리고 가야만 했다.

추석 또는 설 명절에 다른 집에서는 손님들이 오고 맛있는 것을 만들고 좋은 옷을 사 입었지만 부모님들은 그때가 대목이라고 더 바쁜 나날을 보내고 있었다.

상대적으로 나와 내 동생들은 더 소외받는 명절인 것이다.

초등학교 졸업식 전날 대답은 뻔하겠지만 엄마에게 물었다.

"엄마" "내일 못 오지?"

"못 가" "식 끝나면 곧장 집으로 와서 막내 업고 시장으로 와"

"알았어 엄마"

아침 일찍 학교로 갔다.

하늘은 잔뜩 찌푸렸다가 눈이 내리기 시작했다.

교실에서 마지막 인사를 할 때 우는 아이들도 있었다.

초등학교만 졸업하고 사회생활을 시작하는 친구들은 오늘이 학교 마지막 날이었다.

마지막 종례를 마치고 졸업식 행사를 하기 위해 운동장에 모였다.

교실을 나서면서 나는 빠르게 운동장을 빠져나와 시장으로 뛰어갔다. 눈발이 앞을 가렸다.

가게로 가서 꽃다발과 상장통 액자를 샀다.

다른 애들은 부모나 형제들이 와서 축하를 해주고 기념사진을 찍곤 하지만 내 손에 무엇이든 하나도 없는 게 창피해서 스스로 준비해서 창피함을 면하고 싶었다.
"아저씨" "액자 위에다 예쁘게 써주세유"
"축" "졸업" 이라구유
그렇게 구입한 액자와 상장통 꽃다발을 들고 학교로 뛰어갔다.
눈은 앞을 볼 수 없을 만큼 많이 내리고 있었고 내린 눈은 발목까지 빠졌다.
교문에 도착하니 꽃다발 쓰레기가 널브러져 있었고 운동장에 마지막 사진을 찍는 몇 명만 남고 모두 돌아가 썰렁했다.
나들 집으로 갔거나 읍내 자장면 집 갔을 것이다.
기념으로 사진 한 장이라도 찍고 싶었는데 사진사도 모두 가버렸다.
눈 내리는 운동장에 멍하니 서 있다가 발길을 돌렸다.
평소 같으면 시장에 있는 엄마에게 상장과 졸업장을 보여주려 했을 텐데 곧장 집으로 갔다.
집에 가는 길 눈 쌓인 개천가에서 졸업 앨범과 꽃다발 개근상장이 든 상장 통을 던져버렸다.
눈 속에 처박혀있는 것들을 한참이나 바라보았다. 초등학교 6년이 한꺼번에 처박혀 사라지는 느낌이었다.
아무도 축하해 주는 이 없는 졸업식이 창피하기도 하고 또 친구들에게 보여주는 게 자존심 상하는 일이있다.
마지막으로 액자를 버리려다기 하나 정도는 집으로 가저가고 싶었다.

이상학 327

안방에 걸려 있는 사진 액자 옆으로 못을 박아서 액자를 걸어 놓았다.
"축" "졸업"
글씨가 그럴 듯해 보였다.
오후에 막내를 업고 리어카를 끌고 시장으로 갔다. 눈길이라 리어카 끌기도 힘들었다. 팔다 남은 야채를 리어카에 싣고 집으로 왔다.
오는 길에 엄마는 한마디 하신다.
"졸업식은 잘 끝난겨?"
나는 대답하지 않았다. 말하고 싶지 않았다.
엄마도 더 이상 물어보지 않았다.
부모님은 피곤하신지 저녁을 드시곤 곧장 주무셨다.
이불 속에서 눈물이 났다. 축하해 줄 겨를도 없는 것은 알지만 아무 일 없다는 듯이 지나가는 생활이 서러웠는지 한참을 소리 없이 울었다.
벽에 붙은 액자의 글이 눈에 들어왔다.

슬픔의 날을 참고 견디면
기쁜 날이 오리니

마음은 미래를 바라느니
현재는 한없이 우울한 것

모든 것 하염없이 사라지나

지나가 버린 것 그리움이 되리라
— 푸시킨


초등학교 졸업식 날 선물같이 찾아온 "인생 시"
그날 저녁 접한 한 편의 시가 평생을 살아오면서 힘들 때마다 주 기도문처럼 나를 위로해 주었고 시라는 감성을 심어준 엄마의 젖과 같은 시였다.
인생 최고의 선물이 아닐까?

이상학 수필가, 소설가

1962년 진천 출생
시인의 정원 20집 공저
문학고을 신인문학상 수상
문학고을 등단 수필 부문
문학고을 등단 소설 부문

# 나무는 둘이었다

이정자

나무 아래에 서서 나무를 올려본다. 머리를 최대한 등에 붙이고 보아야 겨우 나무가 자리를 내어 준 두 개의 까치둥지와 나무의 끝을 볼 수 있다. 우람한 몸통이 검게 썩어가는 모습이 앙상한 가지 사이로 훤히 보인다. 나무는 몸통이 검게 썩어가고 있었다. 썩어가는 나무의 모습은 몸이 썩고 손가락 마디가 검게 뒤틀린 채 죽어가는 어느 사진 속 전쟁터 병사의 모습을 연상하게 한다. 나무는 이제 더 이상 썩어가는 몸통을 지탱하지 못하고 수명을 다한 것은 아닌가 하는 불길한 마음이 든다. 미루나무의 소생은 나에게 희망이었다.

17년 전 이 집으로 이사 오면서 나는 이 미루나무를 보았다. 우리 아파트 건물과 S 병원 사이 찻길 안쪽 작은 빈터에 거목이 흰 살을 드러낸 채 베어져 있었다. 베어진 나무의 몸통이 작은 원탁만 한 크기였다. '이 거목을 어떤 사유로 베어버렸을까, 이곳은 사유지도 아니고 주택가도 아닌데…' 수많은 세월을 견디고 살아남은 거목이 아무 저항도 하지 못하고 베어졌다는 생각에 작은 분노가 잔잔하게 밀려왔었다. 나는 나무의 속살을 쓸어보며 한동안 그 앞을 떠나지 못했다.

어느 날 죽은 줄 알았던 나무가 살아나고 있었다. 밑동만 남기고 잘린 나무가 몸통 사이사이로 힘겹게 가지를 피워내며 살아나고 있었다. 나무는 세월을 앞질러 점점 무성해졌다. 다시 살아나는 나무를 바라보며 이제는 나무가 잘못되지는 않을 것이라는 안도감과 함께 기댈 곳 없던 불투명한 나의 미래도 미루나무의 소생과 함께 덩달아 희망의 징조가 된 것 같았다. 이후부터 미루나무를 찾아보는 것이 나의 일정 중의 하나가 되었다. 집에 돌아올 때면 종종 나무를 보기 위해 옆길 쪽으로 돌아 나무 앞에 서서 나무의 생사를 확인하고 집에 오곤 하였다. 한 블록 너머 큰길에서 버스를 기다리면서도 멀리 나무가 보이는지를 목을 빼고 늘 확인하였다. 그러던 어느 날 초록빛 잎들이 햇빛에 반짝이며 나를 향해 손짓하는 듯 보이기 시작하였다. 멀리서도 그 반짝이는 잎들은 분명 그 미루나무였다. 나는 믿어지지 않아 눈을 비비고 다시 보았다. 나무는 멀리 찻길에서도 보이도록 본래의 모습을 찾아가고 있었다. 나무의 생명력이 너무 놀라웠다. 이제 나무는 수많은 가지와 반짝이는 잎으로 자신의 몸통을 감싸고 주변을 압도하면서, 까치집 둥지 둘을 품을 만큼 풍성하고 당당하게 하늘 높이 자라 있다. 내 팔 길이로 서너 바퀴를 돌릴 수 있는 거목이 다시 살아 눈앞에 서 있는 것이 가슴이 벅차오른다.

신기한 일이었다. 나무는 둘이었다. 죽은 나무와 산 나무가 공존하고 있었다. 미루나무는 산 나무인지 죽은 나무인지 분간이 서지 않는다. 계절이 바뀌어 모든 잎이 떨어진 앙상한 가지 사이로 보이는 굵은 몸체는 윗부분이 이미 검고 깊게 썩어 죽어 있다. 그런 죽은 나무가 자신의 몸통을 힘껏 밀어 올리며 높이 자라나 생명을 탄생시키고 있었다. 나무는 자신의 썩은 몸을 자라나는 가지의 눈높이에 맞춰 함께 크고 있었다. 나무는 수많은 가지와 잎에게 자양분을 나누어 주기 위해 죽은 몸도 함께 자라고 있었다.

겨울이면 나부는 자신의 검게 썩은 흉한 몸을 훤히 보여준다. 나무는 부끄러워하지 않는다. 나무는 죽은 몸이지만 죽지 않고 겨울 동안 에너지를 아껴서 자양분을 비축하고 있었다. 그래야 봄이 오면 새로 피어나는 수많은 가지와 잎에게 생명과 자양분을 나누어 줄 수 있기 때문일 것이다. 나무는 자신의 몸을 제물로 내어주고 있었다. 나무는 죽었지만 살아있는 것이다.

세상은 둘이었다. 전쟁이 난 것은 9살 때였다
전쟁은 우리의 모든 삶의 모습과 생각을 송두리째 바꿔 놓았다. 아버지가 있고, 언니가 있던 세상, 저녁때가 되면 개울에서 발 씻고 들어와 저녁 먹으라고 어머니가 우리들을 부르던 세상은 벽 너머 세상이었다. 아버지가 떠나고 언니도 떠나고 웃음을 잃은 어머니가 보따리를 이고 장삿길 떠나는 세상은 벽 너머 다른 세상이었다. 그 벽은 너무 높아 벽 너머는 보이지도 않았다. 나는 분명히 보았다. 따발총 소리가 나고 희뿌연 연기 속에 회오리바람을 몰고 오는 말발굽 소리를 들었다. 전쟁이 지나간 세상은 다른 세상이었다.

사람의 생각은 둘이었다. 서로 지향하는 삶이 다르면 네 편과 내 편으로 편을 갈랐다. 이웃 간에 부모 형제 친구 간에 편이 갈리어도 도와줄 수가 없었다. 무엇이 왜 사람들은 알지도 못하는 곳으로 인간의 생각을 몰고 가는지 그때는 그것은 당연한 우리의 운명이라고 생각했다.

아버지에 대한 기억은 신기루 같은 단편적인 것이다. 제복을 입고 부하들을 거느리고 경축일 행사 때면 학교에 초청 인사로 참석하여 대표로 교단에 올라가 만세 삼창을 하던 모습이 떠오른다. 4.3 사건이 나면서 제주로 출장갔다가 한 달 만에 미역 가마니를 싣고 미역처럼 까만 모습으로 아버지는 돌아왔다. 아버지는 나보다 더 큰 영산홍 화분을 배경으로 커다란 카메라를 받쳐 놓고 우리 형제들의 기념사진을 찍어주기도 하고, 전쟁이 난 해에 태어난 남동생의 기념 식수로 앞마당 텃밭 한쪽에 대추나무를 심어, 우리는 하루빨리 대추가 열리기를 기다렸다.

아버지 서재에는 책상 위에 '벼루와 붓'이 놓여 있고 그 옆으로는 아기 몸통만 한 각 면을 칼로 자른 것처럼 반질반질한 백수정이 놓여 있던 것이 기억으로 남아있다.

　전쟁이 발발하고 나의 아버지는 이리 전투에 투입되었다. 그리고 후퇴하는 중에 군산항에서 가족의 소식을 듣고 잠시 배에서 하선하였다가 체포되었다.

　끝난 줄 알았던 전쟁은 그 겨울 다시 우리를 피난길로 몰았다. 고향에 돌아와 겨울나기 식량으로 준비한 김치도 땔 나무도 모두 버리고 우리 가족은 다시 피난을 떠났다.

　나의 어머니는 피난길에 재봉틀 머리를 이고 갔다. 그 재봉틀은 신혼 때 아버지가 사준 첫 선물이어서 어머니에게는 분신 같은 것이었다.

　대티면 내리는 전쟁이 피해 간 오지마을이라고 했다. 이곳은 아버지 부하인 전사한 박 순경의 고향이라는 연유(緣由) 이외 어떤 연고도 없는 곳이었다. 우리 가족은 박 순경 큰댁 사랑채 방 한 칸을 주어 그곳에 머물렀다. 몸이 허약했던 나의 언니는 피난 오면서부터 자리에 누워 앓았다. 나의 언니는 13살 설을 보내고 어머니의 눈물 속에 거적에 덮여 다복솔이 듬성한 언덕길을 올라 우리 곁을 떠났다.

　어머니는 4km가 넘는 읍내로 나가 기관장 부인을 찾아가 사정을 이야기하고 아이들의 외투와 양복바지 같은 만들기 어려운 옷 주문을 받아 왔다. 어른의 헌 옷을 개조하여 아이들 코트와 바지를 만드는 일이었다. 양복을 만들어 본 일이 없는 어머니는 밤을 새워 옷을 만들었다.

완성한 옷을 펼쳐 보이며 어머니는 환한 미소를 지어 보였다. 어머니의 그런 모습은 전쟁 이후 처음으로 보는 모습이어서 우리도 덩달아 모두 기분이 좋았다.

피난지에서 돌아와 어머니의 삯바느질은 주인집 젊은 아주머니의 모시 적삼과 모시 치마를 만들어 주는 것으로 시작하였다. 주인집 아주머니는 어머니의 솜씨가 좋다며 본정 통(읍내 중심 상가)에 있는 요리 집 기생들을 소개해 주었다. 기생들의 옷 보따리는 보자기도 곱고 예뻤다. 어머니의 삯 바느질거리는 항상 있는 것이 아니었다.

전쟁 후 나의 어머니는 '가진 것이라곤 몸뚱이 밖에 없다' 는 말을 늘 하였다. 어머니는 아끼던 재봉틀을 팔아 장사 밑천을 마련하여 보따리 장사를 시작하였다. 새벽에 나가 밤 늦어야 돌아오는 어머니의 눈빛은 깊은 수렁을 닮아갔고 어머니는 점점 다른 세상 사람이 되어갔다. 우리 4남매는 어머니의 부재를 두려워하며 어머니를 기다렸다.

전쟁 이후 나는 우리를 다른 세계로 누군가 잠시 데려왔다고 생각했다. 그래서 언젠가 다시 전쟁 이전의 세계로 되돌아갈 수 있을 거라는 희망을 가지고 살았다.

미루나무는 자신의 썩은 몸을 자라나는 가지의 눈높이에 맞춰 커가고 있다. 수많은 가지와 잎에게 자양분을 나누어 주기 위해 몸도 함께 자란다. 어머니는 죽은 몸에서 수많은 가지와 잎을 내어 우리 4남매가 살아갈 수 있도록 자신의 몸을 자양분으로 내어주었다. 몸이 상처투성이가 되어도 당신의 몸뚱이는 마땅히 자양분이 되어야 한다고 생각하였다. 나는 이제야 어머니의 깊은 눈빛을 어렴풋이 알게 되었다. 어머니는 죽었지만 살아있었다.

나무와 나는 17년을 이웃하며 살았다. 나무 앞에 서면 나무는 나의 생각을 알고 내게 많은 것을 뒤돌아보게 해 준다. 베어져서 죽을 수밖에 없던 미루나무, 그래서 나를 슬프게 했던 미루나무는 우리의 삶과 내 어머니의 삶을 돌아보게 해 주기도 하고, 내가 살고 있는 이유를 이야기해 주기도 한다.

나무는 이제 해마다 그랬듯이 4월이면 다시 생명을 틔울 것이다. 나무는 5월이면 가능한 많은 나무 가지들을 내고 풍성한 잎을 피워 썩은 몸을 가리고, 까치에게 집을 내어 주고, 항상 그랬듯이 자신의 몸을 자양분으로 줄 것이다.

나무는 죽었지만 살아있다.

이정자 수필가

1941년생 영등포 거주
예산 여자고등학교 제8회 졸업
한국방송통신대학교 국어국문학과 졸업
이화여자대학교 정보과학 대학원
여성최고 지도자 과정 제10기 수료
연세대학교 고위 여성지도자과정
제 20기 수료
문학고을 신인 문학상 수상
문학고을 등단 수필 부문
문학고을 우수작가상 수상
E-mail- rosa328@naver.com

# 이별

이필수

    천둥 번개가 치는 날이면 나는 늘 번개가 치고 나서 숫자를 센다. 학교에서 천둥 번개가 칠 때 얼마나 가까이서 낙뢰가 내리치는지를 알려면 번쩍하고 번개가 치고 나서 천둥소리가 몇 초 뒤에 들리는지를 세어 보면 그 거리를 알 수 있다고 배웠었다. 그때 10초 이상이면 안전하다고 배운 기억에 지금도 천둥·번개가 치는 날이면 속으로 숫자를 헤아린다. 그리고 다섯을 세기 전에 천둥이 치면 이불을 뒤집어서 쓰고, 열을 넘기면 안도한다.

    이별도 내겐 그렇다. 처음에 이별이 오면 아픔을 잘 못 느낀다. 그저 헤어짐에 눈물을 흘리고 가슴이 답답하기도 하지만 그럭저럭 남들이 느끼는 정도만큼, 잘 견딘다고 할 만큼, 그저 그런 만큼의 슬픔으로 아프다. 그러다 시간이 지나고 시시때때로 번개 이후의 천둥소리처럼 뒤통수를 치는 슬픔에 감당을 못하곤 혼자서 헤맨다. 그제서야 비로소 나에게 이별은 시작된다.

    20대 때, 한 해 후배였던 멋진 친구가 있었다. 동아리 후배였던 그 친구는 훤칠한 키에 그 당시 사람 보는 눈이라고는 없던 우리 눈에도 꽤 귀티가 흐르는 친구였다. 내가 기억하는 그 친구는 항상 백팩을 메고 그 긴 다리로 겅중겅중 걸어 다녔다. 다들 학교 앞 단칸방에서 자취를 하던 시절에 그 후배는 새 동네에서 하숙집을 구했다. 그러다 겨울 방학이 되고, 하숙집을 나와 자취한다고 했던가 어쨌든 방을 옮겼고, 마산에 사시는 아버지께서 아들의 이삿짐을 옮겨 주시러 내려오셔서는 방이 허술해 보이셨는지 뒷날 잔손을 봐주시기로 하고 하룻밤을 같이 주무셨다. 그날 밤 그 부실한 방문 틈으로 들어온 연탄가스로 사이좋은 부자는 너무도 안타깝게 이 세상을 함께 떠나셨다. 그 소식을 전해 듣고 얼떨결에 장례식에 참석했고, 아드님과 함께 마산 인근의 조용한 사찰에 모셔졌다는 소식을 들었으나 찾아보지는 못했다. 성은의 죽음을 처음 들었을 때보다 이후 겨울 MT를 갔을 때, 신입생 환송회에서 다시 여름 MT에서, 동아리 연합회 체육대회에서 훤칠하게 겅중거리던 성은의 환영에 깜짝깜짝 놀랐었다. 그 뒤로 동아리 행사 때마다 나는 자주 울었다. 질질 짜는 나를 친구는 '짠자'라고 놀렸고, 선배는 내가 찔끔거릴 때마다 단소로 뒤통수를 통통 치고 다녔다. 졸업을 하고 10년쯤 지난 뒤 동아리 졸업생 모임에서 성은을 기억하지 못하는 사람이 많아서 다시 한번 놀랐다.

23살 남자친구랑 헤어졌다. 정확하게 차였다. 군대 간 남자한테 차였으니 이건 뭐 쪽팔려서 어디 가서 말도 못해 볼 일이다. 대부분 남자를 군대 보내 놓고 여자가 고무신을 거꾸로 신어야 하는데 고무신은 가만히 있는데 발목이 돌아가 버린 것이다.

　대학교 3학년. 얼마나 아름다운 시절인가? 우리 때 1, 2학년은 대학생이라고는 하나 아직 고등학생티를 못 벗어 화장도 안 하고 머슴애인지 여자애인지 구분도 안 되는데 쓰는 말 자체도 중성적 분위기가 짙었다. 선배들한테도 언니 오빠보다는 "형"이란 호칭으로 묶어 부르던 시절이었으니… 우리 때는 2학년을 마치고 3학년이 되면 같이 입학한 남학생들이 입대하고, 대신 그 자리에 군대 갔던 복학생들이 메웠다. 드디어 머슴애들이 가고, 남자들이 들어오는 것이다. 그러니 우리의 자세도 이젠 여자가 되는 변신의 시기가 도래한 것으로 보면 된다.

　나 또한 비슷했다. 2학년 여름방학 때 동아리 선배가 소개팅을 시켜줬고, 드디어 남자친구가 생겼다. 그는 학군단 소속이었고, 나보다 두 학번이 높았으니 곧 졸업하고 입관해야 했다. 학교 내 군대 같은 조직이었으니 졸업 전 파트너 동반 축제가 줄줄이 잡혀 있어 반드시 애인을 매우 필요로 하는 망할 놈(?)이었다. 나 또한 곧 3학년이 된다 생각하니 제대로 된 연애에 목이 말라 있기도 했다. 어쨌든 어째 잘 되었다. 그런 둘의 이해관계가 맞아떨어져 가을부터 줄줄이 잡힌 여러 이름도 모르는 축제에 따라갔고, 그 초록 눈알이 큼지막한 피앙세 반지도 받아보고, 뭐…. 그래 내친김에 창원에서 하는 임관식에도 따라가 어깨에 뭐 달아주는 그런 것도 하고…. 별거를 다 했다. 임관식에 따라간 김에 자기네 엄마, 아버지도 만나고 그 남자의 남동생도(우리 지역의 교대 다니고 있었다) 그 동안 꽤 친해져서 든든한 지원군 역할도 해주고 그랬다.

그렇게 내 남자친구는 군대엘 가고 나는 학교에 남았다. 자주 편지를 주고받았고, 외롭다고 징징거리는 편지에 나는 학교가 텅 비었다고 답했다. 처음 한 달 동안 일주일에 한 번씩 오던 편지가 이 주에 한 번씩 서너 달이 지나면서 이 주에 한 번씩, 그러다 열 통을 써도 겨우 한 통을 받아 볼 수 없을 만큼 뜸해지기 시작하면서 이별은 그렇게 스멀스멀 다가왔다. 이별이라고 말하지 않아도 이미 알 수 있었지만 말하지 않았다. 말을 하면 확정될 걸 알아서 그랬을 것이다. 나만 이별을 눈치챈 게 아니라 우리 과 학생 전부가 알았다. 과 사무실로 편지가 왔으니까. 나는 이별을 확인해야 했으니 굳이 나를 만나러 오라고 했고, 안 오는 그를 만나러 갔다. 그렇게 굳이 그 먼 곳까지 가서 차였다. 돌아오는 버스에서 울었고, 집에 와서 이불을 뒤집어쓰고 울었고, 학교에서도 시간만 나면 어디서든, 누구 앞에서든 울었다. 나는 그렇게 내가 아는 보는 사람이 다 알 수 있게 요란하게 차였다. 아주 쪽팔

리게.

 이후로 그때 내 주변에 있었던 사람들은 누구도 나에게 다가와 주지 않았다. 다가와 주지 않았을 뿐 아니라 자기네 친구나 후배, 선배를 소개조차 해 주지 않았다. 그 흉한 꼴을 자기네가 당할 수도 있겠다고 싶었겠지. 하긴 그 흉물스러운 꼴을 보였으니 누군들 어떤 맘을 품을 수 있었겠는가? 나는 그렇게 군대 간 남자를 찬 여자가 아니라 군대 간 남자한테 차인 여자가 되었다. 차라리 그날 그놈이 헤어지자고 한 그날 그놈을 집어 뜯어버리고 그 자리에서 망가지고 말 일이지 왜 뒤늦게 정신 놓고 그 난리를 피웠는지 지나고 봐도 억울할 일이다.

 얼마 전 17년을 같이 지낸 강아지를 먼저 보냈다. 다들 강아지가 먼저 가면 무지개다리를 건넜다고 하는데 우리 가을이가 진짜 무지개다리를 건넜는지 아닌지는 나는 모를 일이다. 어릴 적 비가 오다 갑자기 해가 나는 날이면 건너편 산에 무지개가 걸려 있었다. 산에 무지개가 걸리는 날이면 꼭 우리 집 부추밭쯤에 무지개의 다리가 내려앉아 있었으니 그곳에 가면 무지개를 타고 올라갈 수 있을 것 같았다. 그렇지만 그곳은 혼자 가기에 너무 무서워 맨날 바라만 보고 있었다. 우리 가을이가 그 무서운 곳에 혼자 가서 무지개를 타고 올라갔을까 하는 생각을 한다. 아마도 가을이는 그곳까지 혼자서 무서워서 못 갔을 것인데…. 가끔 집에 혼자 있을 때면 먼저 간 아이가 너무도 보고 싶다. 다행스럽게 다른 녀석(봉구)이 있어 그놈을 붙잡고 너는 형이 보고 싶지도 않냐고 지청구하면서 위안받기도 하지만 근원적 그리움을 없애지는 못한다.

많은 이별을 하면서 늘 처음인 것처럼 아프다. 첫사랑이 어디 있으며, 132번째의 사랑이 무슨 의미가 있을까? 그저 사랑이 떠나는 아픔이 있을 뿐이다. 우리 곁에 사람이 오는 일이 대단한 것처럼 사람이 떠나는 일은 더 엄청난 일이라는 걸 혈육을 잃어보고, 친구를 잃어 본 사람은 안다. 나이가 들어갈수록 이별이 두렵다. 그래서 물리게 같이 지내다 이제 되었다. 가도 된다. 할 때 사랑하는 그것들과 이별하면 좋겠다는 가당찮은 생각을 한다. (우리 엄마는 나의 이런 수다에 천년을 살아도 헤어지는 그 하루아침은 아프다는 철학자 같은 말씀을 하셨다.).

이제 얼마 남지 않는 시간에 2024년과 이별한다. 한 해를 보내는 이별이 내 생에 맞는 이별 중에 제일 가볍고 쉬운 이별이다.

다행이고 좋다. 세상에 이런 가벼운 이별도 있어서….

이필수 수필가

1971년 경남 진주시 출생
1988년 진주여자고등학교 졸업
1992년 경상국립대학교 졸업
1992년 4월 ~ 현재 : 진주시청 근무
문학고을 신인문학상 수상
문학고을 등단 수필 부문
문학고을 청목문학상(작가대상) 수상

# 풀잎 하나 밟는 일이 어려워져야

이현진

  우리 집 뒤에는 '춘갑봉'이라는 야트막한 산이 있다. 주택가 건너편으로 길을 건너, 조그마한 외길을 자분자분 걸어가다 보면, 나지막한 집들이 몇 채 나오고 길 좌우에서 웡웡 옆집 윗집 멍멍이들이 짖는다. "안녕?" "잘 지냈어?" 다정히 묻는 안부에 종종 '으르렁'으로 답을 하는 성깔 있는 녀석들도 있지만, 길 중간쯤 가다 보면 발자국 소리를 어찌 알고 달려오는지, 함께 산책하는 친구와 내가 '뼁둘이들'이라고 부르는 강아지 자매가 반겨준다. 이 녀석들에게 뼁둘이라고 붙여주게 된 이유는, 이렇게 친해지기 전까지만 해도 우리만 보면 제자리에서 뼁뼁 돌면서 위협하듯 왕왕 짖어대는 모습이, 무섭기는커녕 자꾸 웃음이 나서 그렇게 부르게 되었다.

  우리는 춘갑봉까지 가는 내내 만나는 강아지들, 툇마루 위에 앉아 햇빛을 즐기는 턱수염 무늬 고양이, 경쾌하게 조잘거리는 전깃줄 참새 떼들과, 팔랑거리며 머리 위에 나부끼는 어여쁜 나비들, 걷다 보면 불쑥 길 한가운데로 날아와 무뚝하게 앉아있는 송장 메뚜기, 세월아 네월아 느릿한 듯 보이지만, 이 녀석 '순간 이동'을 하는 건 아닌가 착각이 들 정도로 빠른(!) 몸놀림으로, 거친 시멘트 길 한복판을 가로질러 어느새 숲 속이 시작되는 포실한 흙 땅에 착, 제 몸을 들여놓고 있는 달팽이까지, 자칫 밟힐까 주의를 기울여야 하지만, 이 작은 숲속으로 가는 길 위에서 만나는 거의 대부분의 생명체들과 인사를 나눈다.

뻥둘이네 집은 춘갑봉에 도착하기까지 중간 포인트 지점이 된다. 여기서 뻥둘이들과 살갑게 인사를 나눈 후 고개를 들면, 집 뒤로 시원시원하게 뻗은 금강송들이 늘씬한 몸매와 풍성한 머리숱을 자랑하며 훌륭한 포즈로 서 있다. "오늘도 안녕?" 멋쟁이 금강송들에게 미소로 인사를 건넨다.

이제 시야에 훤히 들어오는, 길 좌우 산등성이의 곧게 뻗은 소나무들의 집회, 이 짙은 녹음 사이로 유유히 걸어 들어가는 나는, 또 '누굴' 만나게 될지 설렌다. 이곳엔 소나무들만 사는 게 아니다. 신기하게도 하나하나 이름이 다 있는 나무들, 여름부터 살짝 단풍이 드는 나무도 있고, 사계절 내내 초록을 띠는 나무도 있다. 여름 내내 이 산에 살다가 겨울이면 사라지는 풀들도 모두 이름이 있고, 존재감이 있다.

나무는 덩치가 크다고 풀들을 밀어내지 않는다. 오히려 제 주변에 풍성히 피어나게 자리를 허락한다. 숲속으로 들어가면 칡덩굴들은 길게 길게 뻗어 나가는 줄기와 너른 잎으로 나무들을 휘휘 감아 돌며 노닌다. 나무의 굵은 둥치와 쭉 곧게 뻗은 몸매를 보면, 제 곁에 아무도 범접 못하게 도도하게 굴 것 같지만, 빈약한 몸매로 땅 위를 기어다니는 칡덩굴과도 유유자적 잘 어우러진다. 수학에 빼어난 재능을 가진 듯 멋스런 프랙털을 뽑아내는 고사리의 잎과, 매우 다정하고 낭만적으로 생긴 방풍나물의 이파리들이 한 숲에서 산다. 숲속을 거닐면서 그 속을 찬찬히 들여다보면 참 다양한 종류의 생명체들이 엉킴도 없이 존재한다.

숲에서는 모두가 삶에 진심이다. 그래서 서로를 존중한다. 그리고 모두가 각자에게 삶의 자리를 내어준다. 존재함 만으로 적절히 서로를 격려하고 보살핀다. 그들에게는 서로가 '존재'와 '다름'을 불편해하는 느낌이 없다. 오히려 서로 다름으로 존재하기에 행복한 느낌이다.

숲으로 향하는 작은 길 위, 그 짧은 시간에 만나게 되는 생명체의 종류는 손가락 열 개를 넘어선다. 숲으로 들어서면 발가락을 다 동원해도 셀 수가 없다. 누군가는 이 숲에서 '약육강식'의 생태계를 말하며 비정한 현실에 직면해서 살아남으라는 교훈을 찾아내기도 하겠지만, 내가 날마다 이 숲에 들어서며 배우고 터득하는 것은 '생명'에 대한 '감수성'이다.

생명 감수성. 국어사전을 찾아보니 아직 '생명 감수성'이라는 단어가 없다. 그러나 나는 꼭 필요하다고 본다. '외부 세계의 자극을 받아들이고 느끼는' 감수성 앞에 굳이 '생명'을 붙여 부르려는 이유는, 숲속에만 가면 넘쳐나는 이 생명에 대한 감수성이, 유독 '인간계'에서는 희박해져 가는 것만 같으니 비단, 나만 느끼는 것일까?

십 대 미혼모가 아기를 공중 화장실에서 낳고 그대로 버려두었다는 기사는 매우 충격적이다. 항상 1등만 하던 고등학생 여자아이가 1등 자리를 2등에게 빼앗겼다고 자살했다는 이야기는 마치 지어낸 것만 같다. 동물 N번 방에서 초등학생들의 채팅이라는 캡처 화면에서는 생명의 냄새도 인간의 냄새도 전혀 느껴지지 않는다. 중학교 같은 학급 친구를, 또래 친구들이 무리 지어 담뱃불로 살을 지지며 괴롭힐 수 있는 생명에 대한 무감각이, 치가 떨리게 끔찍하다. 우크라이나, 가자 지구, 아프리카 곳곳의 내전, 자기 생명이든 남의 생명이든, 생명에 대한 존중과 사랑이 결여된 '무無' 감수성에 대해 온몸으로 비통함을 느낀다. 지금 우리 '인간人間' 사이 사이에서 무슨 일이 벌어지고 있는 것일까?

숲에 가면 생명이 넘친다. 허투루 존재하는 생명체는 하나도 없다. 이미 존재함 자체로 삶의 이유를 가진다.

단 며칠을 살다 사라지는 풀벌레 하나조차도 자기 삶에 진심을 다하는데, '만물의 영장'이라고 불리기까지 하는 이들은 생명에 대해 무지하다 못해 무가치하게 느끼는 것 같다.

어쩌면 이들 곁에는 생명 감수성을 충만하게 채워주는 '숲'이 없는 게 아닐까? 항시 곁에 있어 언제든 찾아가도 좋을, 생명력 충만한 숲이 인간 사이 사이에 있어 생명 감수성을 충족해 주어야 하는 것은 아닐까 싶다. 오늘날의 만물의 영장들이 오히려 만물들에게 다시금, '생명'에 대한 깨우침을 청해야 하는 것은 아닌지.

생명이 생명을 보고 느낄 수 있는 순수한 기쁨, 감탄, 사랑, 존경. 나는 그것을 숲에서 배웠다. 자그마한 자기 몸에 깃든 생명조차도 진심을 다하는 벌레를 관찰하고, 이름 모를 숲속 풀잎들이 생명을 꽃피워내는 아름다움에 흠뻑 젖어들어서, 벌레 하나 제 손으로 죽이는 일이 어려워지고 풀잎 하나 밟는 일이 미안해져야 남의 생명에 손대는 일, '전쟁'과 같은 무서운 결정 하나 내리는 일도 어려워지지 않을까?

이현진 수필기

전) 웹기획자
현) NNVO 독립출판 운영
독서심리상담사
라이프 리크리디자이너(Life Recrea_Designer)
문학고을 신인문학상 수상
문학고을 등단 시 부문
이메일 : nnvo_ovnn@naver.com

# 새날

정안나


  미처 여물지 못한 채 쏟아진 마음들과 나란히 서노라면 늘 분주하다.
  출세出世란 무엇인가,로 출세 지향적 성향을 따라 살아왔었던가 되짚어 본다. 사회적으로 높은 지위에 오르거나 유명하게 되는 일이거나, 숨어 살던 사람이 세상에 나옴 혹은 세상에 태어남이라고 사전事典은 정의한다. 또한 불교적으로는 불보살佛菩薩이 중생을 제도하려고 중생의 세계에 나타나거나 번뇌에 얽매인 세속의 인연을 버리고 성자聖者의 수행 생활에 들어가는 것, 흔히 불교의 출가出家라고 하는 일을 출세出世와 비슷한 말로 상식常識은 말하고 있다.

  결국은 나에게서 또 다른 나로의, 나에게서,
  나의 가족에게서 너에게로 혹은 이웃에게로의 등장이라고 할 수 있는 것이다. 나는 나의 모든 것을 하나도 빠짐없이 거두지만 타인은 나에 대하여 그러하지 않는 것이다. 그 타인이 악인이라서가 아니라, 타인은 그 생육의 본질이 환경과 기타 요인에 따라 다를 수 있으므로 그의

물이 되지 아니하면 함께 하기에 어려움이 되는 것과 같다. 즉, 로마에 가면 로마법을 따르듯이 나 자신이 아닌 타인의 영역에 들 때는 그에 따른 예의와 규례들을 지켜야 천국에 이를 수 있음인 것이라고 성경(聖經, Bible)은 이미 수 천 년 전부터 행복의 조건문으로 이르고 있는 것이다.

가을이 가고 겨울이 올만치에서 환절기를 만난다. 환절기換節期는 〈너에게 가려고 나는 강을 만들었다〉는 안도현 시인의 시구詩句처럼, 변화의 촉매제를 통과시키고 중화시키는 물이 되어가는 중간의 길이라고 할 수 있는 것이다. 결국 개개인의 인생이란 자신의 목적지를 향하여 걷는 길 위에서 어떠한 촉매적觸媒的 요소와 가장 오래 머무느냐에 따라 목적의 달성 여부가 가려지며 처음 의도와는 같거나 다른 방황 시련 그리고 성과들을 만날 수가 있게 되는 것이다. 이때 무엇보다도 자신의 자가 점검이 늘 우선해야 할 것이며, 야산野山의 성장하는 시기의 나무들처럼 환절기를 무턱대고 모두 수용한다면 단단하고 무사하기는 할지라도 나무의 표피들처럼 거칠어 질 것이다.

엄마는 신생아들에게 모유를 주고, 아빠는 엄마와 아기를 위험으로부터 보호한다. 시대가 변화하여 사회적 성역할 젠더Gender라는 말에 간혹 흔들리고는 하지만 그

것은 다름 아닌 엄마 없을 때 아빠가 엄마를, 아빠 없을 때 엄마가 아빠를 잠시 대행하는 것에 불과한 것이므로 태초부터의 인류 기본적 가치관이 바뀌도록 왜곡하여서는 결코 안 될 일인 것이다. 새날이 되었다 하여 아가씨 코 밑에 수염이 나거나 남자가 태아를 잉태하는 웃지 못할 일들이 발생하여서는 안 된다는 의미와 같은 것으로 어떠한 변화 요인과 직면하고 있는지를 살펴야 한다는 뜻이다. 성인이 된 아기에게 자신의 무의식과 추억 속 엄마의 모유 수유는 그리운 사랑의 절대적 자리로서 불안한 현재의 삶을 풍요롭게 하는 바탕이 되는 것이지만, 그 기억을 성인이 된 지금에 직접 재현하는 것은 불온不穩한 것으로 현실의 모유母乳는 환유와 은유된, 모호하지만 실재적인 것으로 영원성을 늘 보유하며 함께하게 된다 할 수 있는 것이다.

   나의 모든 행위는 나의 자녀와 나의 남편과 나의 부모형제와 나의 친구와 이웃과 사회에 한 줄기 젖줄, 한 모금의 차고 맑은 샘물이 될 수 있는 것으로, 삶 그 자체가 자신과 모든 이들에게 축복이 되도록 함에 동참하여야 하는 것이다. 겨울이 차오르기도 전인 12월 초입에 포근한 봄이 온 듯한 오늘의 날씨는 함박눈으로 온 세상이 달콤하고 두터운 하얀 털옷을 입은 크리스마스 카드 같던 이삼일을 동경憧憬의 시간으로 옮겨 놓았다. 하느님은 변함없이 늘 선물을 많이 주시는 다정한 분이 분명하신 것이다.

　고드름이 열다니, 도심 한 복판 얇은 담장 기와에 연필만한 고드름이 주렁주렁 열리다니, 연필심이 뚝, 끊어지듯 한 방울 두 방울 물이 되어 흘러내리다니, 새날이 되어도 투명한 고드름은 그대로라니 그리운 것들은 늘 그대로라니, 사랑의 나날이 영원히 진리화化되어 겨울이 되어도 사랑을 기다리듯, 사랑을 이루듯, 노란 장미와 은행잎들이 흰눈 속에서도 지지 않고 제빛을 발하다니, 이제 2025년 새해가 되면 겨우 75년 남는 22세기 앞 현실 속에서 인터넷은 수시로 출세를 구가謳歌하듯 출세 욕구 해제제劑 역할을 수행하며 매슬로우(에이브러햄 해럴드 매슬로 Abraham Harold Maslow, 1908년 4월 1일 ~ 1970년 6월 8일)의 '욕구 위계론'을 지탱하고 있다.

정안나 수필가

현(現) 휘건전자 이사
현(現) 수필가 (Essayist:문학고을 신인문학상 수필 수상 2024.11)
현(現) 브런치스토리(Brunchstory) 작가
현(現) 네이버 오디오클립 크리에이터(네이버 블로그 운영)
구(舊) 홍익대학교사범대학부속초등학교 학습준비물센터 자료제작보조원
구(舊) 서울남산도서관 정보자료실 주말계약직
구(舊) 서울화곡초등학교 도서명예교사 간사/녹색어머니회
구(舊) 서울신화중학교 명예사서/학부모회 활동들
구(舊) 대명전자 품질관리(Q.C) 주임 등
국립한국방송통신대학교 국어국문학과 졸업(문학사 2017.02)
평생교육사2급(2024.06)
NCS 강사(2024.08)
글로벌원격교육코디네이터/진로계발지도사/성인교육지도사
CS교육전문강사 및 스트레스관리사1급외 8종 자격
문화복지사/독서지도사/한국사지도사/방과후지도사/심리상담사
TM(In·Out Bound 상담사-생명보험설계사/손해보험설계사 등)
전자출판기능사/전자기기기능사/음향영상기기기능사/무선설비기능사
국군장병위문편지쓰기 대회 우수상(체신부 주최:1982년)
시묵일기념 백일장 '등시' 부문 장려상(선일방송·선남일보 주최:1979년)